Christoph Türcke

Jesu Traum

Psychoanalyse des Neuen Testaments

Christoph Türcke

Jesu Traum

Psychoanalyse
des Neuen Testaments

»Mihi ipsi scripsi«

Friedrich Nietzsche

4. Auflage 2015
© 2009 zu Klampen Verlag · Röse 21 · D-31832 Springe
info@zuklampen.de · www.zuklampen.de

Umschlag: Matthias Vogel (paramikron), Hannover,
unter Verwendung des Gemäldes »Taufe Christi«
von Joachim Patinier, Kunsthistorisches Museum, Wien
Satz: thielenVERLAGSBÜRO, Hannover
Druck: CPI - Clausen & Bosse, Leck

ISBN 978-3-86674-061-7

Bibliografische Information Der Deutschen Bibliothek
Die Deutsche Bibliothek verzeichnet diese Publikation in der
Deutschen Nationalbibliografie; detaillierte bibliografische
Daten sind im Internet über ‹http://dnb.ddb.de› abrufbar.

Inhalt

Verzeichnis der Abkürzungen

Altes Testament

Gen	=	Genesis (1. Mose)
Ex	=	Exodus (2. Mose)
Lev	=	Leviticus (3. Mose)
Dtn	=	Deuteronomium (5. Mose)
Jes	=	Jesaia
Hi	=	Hiob

Neues Testament

Mt	=	Matthäusevangelium (ca. 90 n. Chr.)
Mk	=	Markusevangelium (ca. 70 n. Chr.)
Lk	=	Lukasevangelium (ca. 100 n. Chr.)
Joh	=	Johannesevangelium (ca. 110 n. Chr.)
Apg	=	Apostelgeschichte des Lukas (ca. 100 n. Chr.)

Briefe des Paulus

Röm	=	Römerbrief (ca. 53/54 n. Chr.)
1Kor	=	1. Korintherbrief (ca. 51 n. Chr.)
2Kor	=	2. Korintherbrief (ca. 52 n. Chr.)
Gal	=	Galaterbrief (ca. 52 n. Chr.)
Phil	=	Philipperbrief (ca. 51/52 oder 57 n. Chr.)

Vorwort

Das Abendland ist schon lange nicht mehr christlich. Aber ohne Christentum wäre es nie zur Wiege von Renaissance, Kolonialismus, Aufklärung, Menschenrechten, exakten Wissenschaften, Schwerindustrie und Mikroelektronik geworden, nie zur Keimzelle jener westlichen Welt, die so wirkt, als sei sie das Maß aller Dinge. Aus allen Erdteilen wird zu ihr aufgeschaut. Nirgends ist die Konzentration von Kapital, Know-how und technischen Errungenschaften, nirgends der physische, rechtliche und moralische Bewegungsspielraum für menschliche Individuen größer als im Westen. Statistisch gesehen gibt es etwa zwei Milliarden Christen, gut zwei Drittel davon in Europa und Amerika. Die wenigsten allerdings leben strikt nach christlichen Ritualen und Lehren. Auch wenn man die vor allem in den USA erstarkenden fundamentalistischen Kirchen und Sekten mitzählt, gilt: Die erdrückende Mehrheit westlicher Christen nimmt ihre Religion nur noch als zeremoniellen Dienstleister für Taufe, Kommunion, Konfirmation, Heirat, Beerdigung und zu hohen kirchlichen Feiertagen in Anspruch, ohne von der Bibel, der Liturgie, dem Katechismus oder den Dogmen noch irgendeine zusammenhängende Kenntnis zu haben. Zurückgeblieben sind ein paar Wissensbruchstücke und einige verwaschene Überzeugungen über eine höhere Macht und ein Leben nach dem Tod, die die meisten gern für sich behalten, um sie keiner peinlichen Befragung auszusetzen. Ansonsten richten sie sich, wie andere Gläubige und Ungläubige auch, nach den profanen Gesetzmäßigkeiten und Mächten ein, die ihren Alltag tatsächlich bestimmen.

Das in der westlichen Welt praktizierte Christentum ist, aufs Ganze gesehen, hohl und morsch. Nicht so das in der westlichen

Welt *sedimentierte* Christentum. Es gehört zum Fundus dieser Welt. Einst, als es noch groß und mächtig war, hat es die Weichen zur europäisch-nordamerikanischen Moderne gestellt. Mehr als ein halbes Jahrtausend ist das her. Das Christentum von damals ist bloß noch die Ablagerung einer vergangenen Zeit, gleichsam der festgetretene, beruhigte Untergrund, auf dem sich das unruhige Leben der Moderne abspielt. Und solange der Untergrund tatsächlich ruhig blieb, ließ er sich bequem ignorieren. Seit jedoch ein neuer Ost-West-Konflikt Platz gegriffen hat, worin »Osten« nicht mehr mit Sozialismus assoziiert wird, sondern mit einem Islam, der forsch in die westliche Welt eindringt und deren Grundüberzeugungen in Frage stellt, stehen auch die christlichen Fermente dieser Welt erneut zur Debatte. Das authentische westliche Gegenstück zur Koranlesung ist nun einmal die Bibellesung, nicht die Dichterlesung; das zum Ramadan die christliche Fastenzeit, nicht die Schlankheitskur; das zum Freitagsgebet der Sonntagsgottesdienst, nicht die Gymnastikstunde; das zum Propheten Mohammed heißt Jesus von Nazareth, nicht Michael Jackson oder Madonna.

Und so geschieht etwas, was niemand voraussehen konnte: Durch die neue Präsenz des Islam in der westlichen Welt wird deren christlicher Untergrund wieder aufgerührt. Gerade Zeitgenossen, die auf Aufklärung und Gedankenfreiheit pochen und durchaus nicht zum christlichen Glauben zurückwollen, sehen sich durch die islamische – zum Teil islamistische – Offensive genötigt, sich zu jenem abgelagerten Christentum, um das sie sich lange nicht kümmern mußten, erneut zu positionieren. Dadurch aber kommt es sozusagen wieder hoch und gewinnt eine neue, diffuse, gewissermaßen desedimentierte, in ihrer Tragweite noch schwer absehbare Präsenz. Sitzt es womöglich viel tiefer im vegetativen Nervensystem der westlichen Welt, im Empfindungs-, Vorstellungs- und Denkhaushalt ihrer Individuen, als bisher gedacht? Friedrich Nietzsche hat das ja schon vor mehr als hundert Jahren vermutet: »Was hilft alle Freigeisterei, Modernität, Spötterei und Wendehals-Geschmeidigkeit, wenn man mit seinen Eingeweiden Christ, Katholik und sogar Priester geblie-

ben ist!«[1] Und nun stellt der neue Ost-West-Konflikt tatsächlich die
»Eingeweide« der westlichen Welt mit nie gekannter Dringlichkeit
zur Debatte und schürt den Verdacht, daß der Geist des Christentums sie weit stärker durchweht und bläht, daß er für den Stoff-
wechsel der High-Tech-Welt weit konstitutiver ist, als die hektische
Oberfläche ihres Alltags zu erkennen gibt. Um hier Klarheit zu
gewinnen, bedarf es einer neuen Eingeweideschau auf der Höhe
wissenschaftlicher Methodik, anders gesagt, einer Tiefenhermeneu-
tik mit Fingerspitzengefühl für mentale Verdauungsprozesse und
Ablagerungen.

Doch halt: Um die christlichen Eingeweide der westlichen Welt
analysieren zu können, muß man erst einmal einen tiefen Blick in
die Eingeweide des Christentums tun. Ja, auch das Christentum hat
Eingeweide. Unter der Haut seiner wahrnehmbaren Gestalten pul-
siert sein vegetatives Innenleben. Anders gesagt: Hier schweifen seine Wünsche. Wünschen ist die primitivste, affektivste, aber auch
intensivste Form von Denken, und das Christentum ist auf eine
geradezu inständige Weise *wishful thinking*. Seine ältesten erhaltenen Zeugnisse, die neutestamentlichen Schriften, sind allerdings
nur die Außenseite seines inneren Wunschlebens. Es verhält sich
damit ganz ähnlich wie beim Traum. Was wir als Traum erleben und
erzählen, ist nur dessen Fassade. Das Entscheidende spielt sich
dahinter ab. Dort wirken die sogenannten latenten Traumgedanken.
Das sind jene Wunschkräfte, die den Traum konstituieren und sich
dabei in seinem manifesten Inhalt sowohl ausdrücken als auch verstecken. Ihre Entdeckung war eine der bahnbrechenden Leistungen
Sigmund Freuds. Er hat ein ganzes Instrumentarium entwickelt, um
den Wunschherd des Traums zu erschließen. Seine Methode wird
sich in diesem Buch als verblüffend hilfreich erweisen, um an den
Wunschherd des Christentums heranzukommen und das, was daraus aufstieg, als geschichtsträchtige und -mächtige Wachtraumge-

1 Friedrich Nietzsche, *Götzen-Dämmerung*, Kritische Studienausgabe (KSA),
Band 6, herausgegeben von Giorgio Colli und Mazzino Montinari, Deutscher
Taschenbuch Verlag, München 1988, Bd. 6, S. 112

bilde wahrzunehmen.[2] Genau genommen gibt es hier zwei Wunsch-
herde. Sie flackern ineinander, sind aber wohl zu unterscheiden.
Der eine glühte in den Hinterbliebenen Jesu und bewog sie, ihren
gekreuzigten Herrn und Meister als auferstanden zu verkünden.
Der andere brannte in Jesus selbst. Der eine bewirkte den christlichen Traum von Jesus, der andere Jesu Traum. Die neutestamentliche Wissenschaft hat ihre Quellentexte zwar bis zum Überdruß ausgelegt und ausgelaugt, aber bis zu den latenten Traumgedanken des
Christentums ist sie noch kaum vorgedrungen.

2 Eine pauschale Zustimmung zu Freud folgt daraus übrigens keineswegs. Nicht
einmal seine Einschätzung des Christentums wird geteilt (siehe unten, S. 67 f.).
Eine fundierte Psychoanalyse des Neuen Testaments muß andere Wege gehen
als er – und ihn dennoch als Wegweiser schätzen.

1. Die unfaßbare Kehrtwende: Das Urchristentum

Nachträgliche Weissagung

Das Christentum beruft sich auf Jesus. Daraus folgt allerdings nicht, daß er es eingesetzt hat. Wie sich zeigen wird, lag ihm eine solche »Stiftung« völlig fern. Wohl aber hat er das Christentum ausgelöst. Als er in der Gegend um seinen Heimatort Nazareth auftrat und umherzog, bildete sich eine kleine Schar um ihn, bestehend aus ein paar Fischern vom See Genezareth und einigen, die sich ihnen anschlossen: Verwandten, Freunden, Neugierigen, Abenteurern, Desorientierten, Entwurzelten; man kann es nicht so genau auseinanderhalten. Eine schwer aufzuhellende Gemengelage einfachen Volks umgab ihn, war sein Resonanzboden und seine Begleitung in den wenigen Monaten oder Jahren, als er durch Galiläa und schließlich hinauf nach Jerusalem zog. Auf diese kleine Schar – gewiß mehr als zwölf Personen, aber vielleicht nicht mehr als dreißig, wer weiß – haben Jesu Worte und Taten und sein furchtbares Ende eine offenbar kaum zu überbietende Wirkung ausgeübt. Was sich vor ihren Augen und Ohren abspielte, war in doppeltem Sinne ungeheuer. Zum einen überstieg es ihr Fassungsvermögen; zum andern drückte es sich ihnen so tief ein, daß sie ihr Lebtag daran laborierten. Und nur weil sie damit nicht fertig wurden, gibt es das Christentum.

Bewältigungsversuche eines Überwältigten hat Jean Améry seine autobiographischen Aufzeichnungen über Exil, KZ und Tortur genannt.[3] Auch diejenigen, die Jesus zurückgelassen hatte, waren auf ihre Weise Überwältigte. Als sie begannen, sich in seinem

---

3 Jean Améry, *Jenseits von Schuld und Sühne*. Bewältigungsversuche eines Überwältigten, Klett-Cotta, Stuttgart 1977

Namen zu versammeln, wie er das Brot zu brechen und den Weinkelch herumzureichen, dabei seine Worte zu wiederholen, seine Taten zu memorieren und allmählich das Finale seines Lebens zu rekonstruieren, da waren das notdürftige Versuche, in den Wust ihrer eigenen unbewältigten Vergangenheit eine gewisse Folge und Ordnung zu bringen und so die Fassung wiederzugewinnen, die ihnen das Ende dieses ungewöhnlichen Menschen vollends geraubt hatte. Wie war es denn gewesen, als er gefangen genommen wurde? »Und sie verließen ihn und flohen alle«, steht bei Markus (14, 50). Die Gefolgsleute Jesu hatten nicht den geringsten Anlaß, etwas für sie derart Peinliches nachträglich zu erfinden. Sie hatten ihren Meister ja nicht als neutrale Schaulustige nach Jerusalem begleitet, um mal zu sehen, was er dort alles anstellen werde, sondern in der hoch gespannten Erwartung, daß »das Reich komme« – jenes göttliche Reich, welches er ihnen in Worten und Taten vor Augen gemalt hatte.[4] Sie würden mit ihm dabei sein, wenn es anbräche. Stattdessen wird er verhaftet, verurteilt, gekreuzigt. Das ganze Erwartungskonstrukt, das ihr Leben in den letzten Jahren zusammengehalten hat, zerbricht, und die Erschütterung ist derart, daß keiner der Gefolgsleute zu ihm hält. Sie verstecken sich, tauchen unter, machen sich unauffällig; man weiß es nicht so genau. Erst nach dem Tod Jesu tritt jedenfalls jener eigenartige Gesinnungswandel ein, der sie zusammen auftreten und behaupten läßt, er sei auferstanden – bereits eingetreten in jenes Reich, von dessen Kommen er geredet hatte. Und erst im Licht dieser Behauptung wird dann nach und nach das Leben dessen erzählt, der da auferstanden sein soll.

Das ergibt natürlich keine Berichte, die modernen Vorstellungen von historischer oder journalistischer Sorgfalt auch nur entfernt genügten. Vielmehr entsteht eine neue Ausdrucksform: das Evangelium, wörtlich übersetzt, die gute Botschaft. »Gut« heißt dabei so viel wie »rettend«. Besagte Botschaft soll nämlich nicht nur davon

---

4 Die Naherwartung im Judentum und bei Jesus behandelt ausführlich das 2. Kapitel; siehe unten, S. 88 ff. Erst dort kann eingeholt werden, was hier vorausgeschickt werden muß.

überzeugen, daß Jesus auferstanden ist, sondern den Hörern bedeuten, daß sie vital davon betroffen sind. Wer an die Auferstehung Jesu glaubt, wird an ihr teilhaben, und zwar *nur*, wer an sie glaubt. Nur für seine Getreuen, die in seinen Bahnen wandeln, hat er die Bahn ins göttliche »Reich« gebrochen. Nur sie wird er holen und zu sich entrücken, wenn er in Kürze wiederkehren und das Ende der alten Welt, das mit seiner Auferstehung bereits angebrochen ist, endgültig besiegeln wird. Alle andern sind verloren. Wie ungeheuer prätentiös und exklusiv diese Botschaft daherkam, hört man ihr nach zwei Jahrtausenden Christentum kaum mehr an. Die Zeitgenossen hingegen hatten durchaus ein Ohr dafür, zumal sie von diesem Jesus, wenn sie nicht zufällig Verbindung zu seinem Jüngerkreis oder zur Gerüchteküche um ihn hatten, rein gar nichts wußten. Die Botschaft von ihm hatte nur eine Chance, wenn ihr zweierlei gelang: ihn als wirklichen Menschen aus Fleisch und Blut glaubwürdig zu machen, der in Galiläa aufgetreten und nach Jerusalem gezogen war; und zugleich als den Menschen schlechthin, den einzig rettenden, in dessen Erdenleben sich an allen Ecken und Enden bereits seine Auferstehung abzeichnete – als die Quintessenz, auf die seine irdische Geschichte hinauslief.

Wenn antike Erzähler einem markanten Ereignis – Sieg oder Niederlage, Tod oder Geburt, Dürre oder Unwetter – besonderen Nachdruck und höhere Bedeutung verleihen wollten, so haben sie ihm nicht selten eine Vorgeschichte angedichtet: es einem Seher, Propheten oder Priester so in den Mund gelegt, als hätte er es schon angekündigt, ehe es eintraf. *Vaticinium ex eventu* (nachträgliche Weissagung, wörtlich: »Weissagung vom Ereignis aus«) nennt man dieses Verfahren. Seine Anwendung war beliebt, aber nicht obligatorisch. Im Evangelium hingegen bekommt es einen neuen, geradezu systematischen Status. Es wird zum Konstruktionsprinzip. Nicht so, daß zu jedem berichtenswerten Ereignis eine Vorankündigung erfunden wird. Oft firmieren die historischen Ereignisse selber als Vorankündigungen. Nachdem für die Hinterbliebenen Jesu als beschlossene Sache gilt, daß ihr Herr auferstanden sei, werden die

Begebenheiten seines Lebens in der Rückschau so dargestellt, als weissagten sie bereits diesen *eventus*. Er ist der archimedische Punkt der Konstruktion. Von ihm aus und auf ihn hin sind die Worte und Taten Jesu von Anfang an zusammengetragen worden, längst ehe sie im Markusevangelium ihren ersten großen schriftlichen Niederschlag fanden – etwa vierzig Jahre nach Jesu Tod.

Ein Evangelium mußte zwei Anforderungen genügen: Zum einen so viele Begebenheiten des Lebens Jesu sammeln wie möglich; je mehr davon, desto plastischer und greifbarer die historische Gestalt. Zum andern diese Begebenheiten auferstehungskonform darstellen, will sagen, sie so zurechtrücken, daß sich in jeder von ihr der rettende Auferstandene *avant la lettre* zeigt. In den Worten eines anerkannten Neutestamentlers: »Der historische Jesus begegnet uns im NT [= Neuen Testament], der einzigen wirklichen Urkunde über ihn, eben nicht, wie er an und für sich gewesen ist, sondern als der Herr der an ihn glaubenden Gemeinde.« »Und die Hoheit Jesu tritt dann am deutlichsten zutage, wenn seine ersten Jünger schon meinten, seine Worte abschwächen und korrigieren zu müssen, weil sie ihn anders nicht ertragen konnten.«[5] Die Theologensprache hat für solche Korrektur zugunsten der »Hoheit« so schöne Namen wie »Kerygma«, »Christologie« oder »Soteriologie« erfunden. Umgangssprachlich würde man schlicht von »Fälschung« sprechen. Selbstverständlich sind die Evangelien nach den Kriterien seriöser Historik Geschichtsfälschungen. Nur daß sich diese Fälschungen einen Haufen Steine in den Weg legen, indem sie respektvoll Worte und Begebenheiten aufbewahren, die sich als ausgesprochen fälschungsunfreundlich erweisen, weil sie einen historischen Eigensinn haben, der sich nur mit viel Mühe oder gar nicht auferstehungskonform zurechtbiegen läßt. So gewiß bei der Komposition der Evangelien Betrug im Spiel ist – er wird immer wieder von Anfällen historischer Redlichkeit unterlaufen. Warum so kompro-

---

5 Ernst Käsemann, *Das Problem des historischen Jesus*, in: derselbe, Exegetische Versuche und Besinnungen. Erster Band, Vandenhoeck & Ruprecht, Göttingen 1964, S. 194 und 207

mittierende Sätze wie »Und sie verließen ihn und flohen alle«? Offenbar, weil es so gewesen ist. Historische Ereignisse und auferstehungskonforme Deutung kommen in keinem der Evangelien zu voller Übereinstimmung, nicht einmal im Johannesevangelium, das den historischen Jesus bis an den Rand der Unkenntlichkeit stilisiert. Es ist zu simpel, die Evangelien auf pure Betrugsabsicht zu reduzieren. Sie sind vielmehr in jener Grauzone von Idealbildung, Selbsttäuschung und Täuschung entstanden, von der keine Menschenseele ganz frei ist, sobald es ums Lebensentscheidende, um Schmerz und Lust, Tod und Liebe geht.

Halbwegs aufgeklärte christliche Theologen räumen heute anstandslos ein, daß die Evangelien zur Idealbildung neigen. Nehmen wir etwa die Geschichte vom zwölfjährigen Jesus, der mit seinen Eltern wie alljährlich nach Jerusalem zum Passahfest gezogen war, ihnen dort abhanden kam und schließlich im Tempel wiedergefunden wurde, wie er »mitten unter den Lehrern saß, ihnen zuhörte und sie befragte. Alle aber erstaunten über seine Einsicht und seine Antworten.« (Lk 2, 46 f.) Man muß keine nennenswerte Überzeugungsarbeit mehr dafür leisten, daß das eine Legende ist. Das *vaticinium ex eventu* liegt auf der Hand. Es wird erfunden, daß die Eltern Jesu jährlich zum Passah nach Jerusalem reisten – wozu ein Zimmermann aus Nazareth schwerlich Anlaß und Mittel gehabt haben dürfte –, um schon dem Zwölfjährigen (die Zwölf ist die heilige Zahl der Stämme Israels) eine besondere Begabung für etwas unterstellen zu können, was später dem Erwachsenen offenbar mehrfach gelungen ist: Schriftgelehrte in größtes Erstaunen zu versetzen. Und indem der Tempel zur Bühne dieses Auftritts wird, bekommt die Szene zudem den Status eines kindlichen Präludiums zu jener historischen Begebenheit, mit der Jesus gegen Ende seines Lebens mehr als nur Erstaunen ausgelöst hat: der Tempelaustreibung.[6] Oder nehmen wir die Geschichten, wo Jesus Tote auferweckt: die namentlich nicht genannte Tochter des Jairus, die wie zufällig auch gerade zwölf Jahre alt war (Mk 5, 35 ff.), oder einen

6 Siehe unten, S. 145 ff.

historisch nicht nachweisbaren Lazarus (Joh 11). Eine überschwengliche Phantasie hat hier die Heilkraft, die Jesus offenbar an gewissen Krankheiten bewies,[7] zur Fähigkeit überdehnt, Tote wiederzubeleben, als hätte er gelegentlich vorab schon einmal Kostproben seiner eigenen, finalen Auferstehung gegeben. Man riecht förmlich die fromme Flunkerei in solchen »Proben«. Die Evangelisten haben sich nicht gescheut, sie zu erzählen, als wären sie wahr, haben daraus aber wenigstens keine Hauptbeweisstücke zu machen versucht. Weil Jesus schon in seinem Erdenleben sporadisch Tote auferweckte, ist seine und unsere finale Auferweckung verbürgt: Auf diesen Schluß den gesamten christlichen Glauben zu gründen, wagten sie dann doch nicht. Offenbar war ihnen nicht ganz wohl bei diesen Geschichten. Vielleicht spürten sie auch den theologischen Pferdefuß darin. Einer Auferweckung, die die Betroffenen lediglich ins irdische Leben mit all seinen Widrigkeiten zurückholt, fehlt ja gerade das im christlichen Sinn Rettende: die endgültige Überwindung von Leid und Tod.

Wenn man bei den Evangelien von Idealisierung spricht, meint man: Die ungewöhnliche historische Gestalt Jesu ist durch Überhöhung und Übertreibung noch weit ungewöhnlicher dargestellt worden, als sie je war. Daran Abstriche zu machen, fällt Theologen heute nicht mehr schwer, solange sie sagen können: Mag die Idealisierung auch zum Evangelium gehören wie das Klappern zum Handwerk – sie ist nicht sein Anfangsimpuls. Idealbildung trat zum Evangelium erst hinzu, als es schon da war. Hervorgegangen jedoch ist es aus einem grundstürzenden, beispiellos radikalen Gesinnungswandel. Man bedenke: Die abtrünnigen Gefolgsleute Jesu sind zu den beharrlichsten Gewährsleuten seiner Auferstehung geworden. Das ist der urevangelische Impuls: eine schlechterdings unfaßbare Kehrtwende. Warum sollten Menschen, die ihren Meister schmählich im Stich gelassen haben, nachträglich ihr Leben dafür riskieren, daß sie ihn als Auferstandenen verkündigen? Hier

7 Siehe unten, S. 104 ff.

versagt alle Psychologie. Die Kehrtwende der Abtrünnigen konnte allein durch höheres Eingreifen bewirkt werden: dadurch, daß Jesus sich ihnen tatsächlich als auferweckt, als rettender »Herr«, »Christus« und »Sohn Gottes« mitgeteilt hat.

Heiligung des Schreckens [8]

So die theologische Sprechweise am Nervenpunkt der Entstehung des Christentums. Hier muß die Eingeweideschau ansetzen. Die »unfaßbare Kehrtwende«: ist sie wirklich so unfaßbar und beispiellos? Schauen wir einmal über den Tellerrand des Christentums hinaus und werfen einen Seitenblick auf ein uraltes, in allen Kulturen geläufiges Phänomen: das Heilige. Dessen Allerweltsdefinition könnte etwa so lauten: »Heilig« ist jene höhere Macht, der zu Ehren alle Völker – auf ihre je eigene Weise – Opfer darbringen, Säulen, Häuser und Standbilder errichten, Tänze und Gesänge aufführen, Festkleider anlegen oder Selbstkasteiungen veranstalten. Das hebräische *qados*, das wir mit »heilig« zu übersetzen pflegen, heißt wörtlich allerdings »abgetrennt«, »dem gewöhnlichen Gebrauch entnommen«. Das griechische *hagios* läuft fast aufs Gleiche hinaus. Es heißt »geweiht«. Orte, Personen, Dinge »weihen« bedeutet so viel wie sie aus dem Alltagsverkehr herausnehmen, herausheben, herauslösen – sie im originären Wortsinn absolut, unbedingt, unvergleichlich machen. Einen ganz ähnlichen Bedeutungsradius hat das polynesische *tabu*, wörtlich »ausgezeichnet«, erst in zweiter Linie »unantastbar«, »unberührbar« – was wiederum die primäre Bedeutungsschicht des lateinischen *sanctus* ist. Etwas antasten, berühren heißt so viel wie es in die Zusammenhänge des Alltags hineinziehen, es vergewöhnlichen, entweihen, profanieren. Etwas Heiliges profanieren ist so viel wie die Weltordnung antasten – das

8 Der folgende Abschnitt faßt knapp zusammen, was sich andernorts ausführlich entwickelt findet; cf. Christoph Türcke, *Philosophie des Traums*, C. H. Beck, München 2008, S. 19–100

Schlimmste, was man tun kann, weswegen das Heilige denn auch furchtbar auf den Frevler zurückschlägt.

Wo das Heilige als das Ehrfurchtgebietende, Gute, Fromme, Tugendhafte vorgestellt wird, ist es bereits in dicke kulturelle Watte eingehüllt, wie Rudolf Otto gezeigt hat. Der Ehrfurcht, so seine nahezu tiefenpsychologische Einsicht, geht in der Geschichte der menschlichen Gefühle etwas weit Elementareres voraus: Furcht und Schrecken. Das Abgetrennte, Absolute, Unbedingte, Unvergleichliche manifestiert sich überall dort auf authentische Weise, wo es mit unvergleichlicher Gewalt erschütternd durch Mark und Bein geht. Das echte Heilige wühlt auf. Seine Erfahrung ist die Erfahrung schlechthin. Ottos Kronzeuge ist das Alte Testament, etwa »der ›Gottesschrecken‹, den Jahveh ausströmen ja senden kann, wie einen Dämon der den Menschen lähmend in die Glieder fährt und der ganz verwandt ist dem deîma panikón (dem panischen Schrecken) der Griechen«. Die Grundschicht des Heiligen wäre somit die »des *mysterium tremendum*, des schauerlichen Geheimnisses«, »das durch Art und Wesen meinem Wesen inkommensurabel ist und vor dem ich deshalb in erstarrendem Staunen zurückpralle«.[9]

Die Menschheit hat den Schrecken freilich nicht für sich allein gepachtet. Die ganze Tierwelt laboriert daran. Wo immer sie konnte, hat sie ihn zu fliehen versucht. Und doch ist er ihr nie zum Mysterium geworden. Dazu hat er auf bestimmte Weise bearbeitet werden müssen, und die Bearbeitung zeigt überall dort ihre ersten Ansätze, wo Organismen gelernt haben, Einfluß auf ihren natürlichen Fluchtimpuls zu nehmen. Nichts erträgt ein Nervensystem so schlecht wie den Schock: den unvorbereiteten Einbruch eines Reizschwalls, den es nicht zu kanalisieren und abzuführen vermag. Und je größer und verzweigter ein Nervensystem, desto empfindlicher ist es für Schocks. Sie bekommen die Intensität traumatischen Schreckens. Der wirkt auf Nervenzellen wie ein kategorischer Imperativ: als etwas strikt zu Meidendes oder zu Fliehendes. Nur gelingt die Flucht

9 R. Otto, *Das Heilige*, Erstausgabe 1917, C. H. Beck, München 1963. Zitate S. 15, 13 und 32 f.

nicht immer. Manchmal ist es zu spät. In solchen Situationen höchster Not sind einige Tierarten darauf verfallen, durch Stillstand statt durch Bewegung zu fliehen. Sie stellen sich tot und versuchen, sich ihrer Umgebung bis zur Unkenntlichkeit anzugleichen. Der Hase macht sich dem Erdboden gleich, in den er sich duckt, die Spannerraupe dem Ast, auf dem sie hockt, die Scholle nimmt gar die Farbe des Meeresgrunds an. Mimikry nennt man das. In ihr hemmt sich der Fluchtimpuls selbst – um des Überlebens willen.

Es gibt jedoch eine Spezies, die über solche Mimikry hinausgelangt ist. Sie hat ihren Fluchtimpuls nicht nur bis zum Stillstand gelähmt, sondern ihn aktiv in die Gegenrichtung umgebogen. Sie hat, mit andern Worten, die Flucht nach vorn angetreten und etwas vollkommen Widersinniges begonnen: beim Schrecklichen Zuflucht vor dem Schrecken zu suchen. Doch erst mit diesem Widersinn ist Sinn in die Welt gekommen. Erst dadurch ist der Schrecken doppelbödig geworden: nicht mehr bloß furchtbare Naturgewalt, sondern zugleich die Macht, die davon erretten soll. Nur was rettet, stiftet Sinn. Das gilt von den rohsten Anfängen menschlichen Kults bis hinauf in den feinsten Monotheismus. Schrecken als solcher aber rettet nicht. Er ist einfach nur furchtbar. Erst durch die Wendung der Flucht von ihm weg zu ihm hin wird er zum sinnstiftenden Mysterium. Das Heilige ist also nicht, wie Otto glauben machen wollte, die übernatürliche göttliche Macht, die aus unerforschlichem Ratschluß für gut befand, sich der Menschheit erst einmal im Schrecken zu bekunden, ehe sie zartere Töne anschlug. Umgekehrt: Das Heilige ist gewendeter, geheiligter Schrecken – eine elementare Interpretationsleistung gepeinigter Nerven, die ihm nicht anders zu entrinnen wußten, als daß sie ihn in bestimmter Weise guthießen.

Wenn es eine »unfaßbare Kehrtwende« in der Naturgeschichte gibt, dann ist es die Umwendung des natürlichen Fluchtimpulses. Gewiß, die Spezies, die dieses Kunststück vollbrachte, verfügt über das größte Gehirn – nicht absolut, wohl aber im Verhältnis zum Körpervolumen. Ihre Körper sind am meisten von Nervenzellen

durchzogen, also buchstäblich die nervösesten, schreckempfind-
lichsten. Aber so wenig Durst schon für ein Getränk sorgt, so wenig
bürgt Schreckanfälligkeit schon für ein Mittel zu ihrer Linderung.
Woher der Homo sapiens die Kraft und Ausdauer nahm, um seinen
natürlichen Fluchtimpuls gegen sich selbst zu wenden, ihn in origi-
närem Wortsinn reflexiv zu machen; und wie er es vermochte, daraus eine Überlebensstrategie zu machen, die derart erfolgreich war,
daß er schließlich als »Krone der Schöpfung« erscheinen konnte:
das wird sich nie zureichend erhellen lassen. Insofern ist die Wendung des Schreckens ein Mysterium: unfaßbar.

Durchaus faßbar hingegen ist die Verlaufsform dieser Wendung,
zumal sie nie bloß eine innere Umkrempelung des Gefühlshaushalts
war, sondern stets handfeste äußere Erscheinungsformen hatte. Je
älter sie sind, desto »physiologischer« die Umwendungspraxis, die
sich in ihnen manifestiert. Begonnen haben dürfte sie nahezu reflex-
haft: durch Wiederholung des traumatischen Schreckens, mit dem
das Nervensystem nicht fertig wurde. Indem er aus eigenem Antrieb
wieder und wieder veranstaltet, gewissermaßen in eigene Regie
genommen wurde, konnten sich allmählich neuronale Bahnen bilden, um ihn abzuleiten. Oder erlebnistheoretisch gesagt: Durch
absichtliche Wiederholung konnte der Schrecken in den Alltag integriert werden, nach und nach seine Unvergleichlichkeit und Unerträglichkeit verlieren, aus etwas schlechterdings Fremdem in etwas
Vertrautes übergehen. Die Anfänge davon kennen wir nicht. Man
kann sie sich kaum diffus und roh genug vorstellen. Dennoch haben
sie eine rekonstruierbare Physio-Logik. Sie besteht darin, selbst noch
einmal zu tun, was einem getan wurde. Das durch Überfälle wilder
Tiere traumatisierte Kollektiv fällt seinerseits über einige der Seinen
her, um das Trauma loszuwerden. Den erschütternden Lärm von
Erdbeben und Unwettern sucht es durch wiederholtes eigenes Krei-
schen und Lärmen zu bewältigen. Historisch greifbar wird solche
Umwendung durch Wiederholung freilich erst in einem Spätstadium
– dort, wo sie über ihre reflexhaften Anfänge weit hinaus und längst
zu festen Verlaufsformen geronnen ist: denen des Opfers.

Über Opfer wundert man sich viel zu wenig. Zunächst sind es ja blutige Opfer. Sie werden nicht freiwillig dargebracht, sondern, wie eine kulturübergreifende Sprachregelung besagt, um den »Zorn« höherer Mächte zu »besänftigen«. Aber was tut man da eigentlich? Man schlachtet imaginären Mächten etwas vom Kostbarsten hin, was man hat. Um Angst und Schrecken loszuwerden, begeht man selber etwas Schreckliches. Das wäre nur absurd und unbegreiflich, ließe sich darin nicht der Kunstgriff der Fluchtumwendung erkennen, der den Homo sapiens zum erfolgreichsten Tier auf Erden hat werden lassen. Hominidenkollektive, die immer wieder den Zwang verspüren, die kostbarsten Lebewesen – und das heißt im Klartext: ihresgleichen – gemeinschaftlich zu schlachten, beginnen die Fluchtumwendung zu ritualisieren und üben so die Heiligung des Schreckens ein. Otto bietet eine unübertreffliche Formel für diesen Vorgang: »Vor dem mir graut – zu dem michs drängt.«[10] Aber er hat von seiner Funktionsweise so gut wie nichts begriffen.

Hier muß Sigmund Freud weiterhelfen. Ohne von Ottos religionspsychologischer Studie Notiz zu nehmen, hat er, nahezu zeitgleich, nämlich gegen Ende des ersten Weltkriegs, an Kriegstraumatisierten einen peinigenden Wiederholungszwang entdeckt, der den Betroffenen im Traum »immer wieder in die Situation seines Unfalls zurückführt, aus der er mit neuem Schrecken erwacht«.[11] Freud hat sogleich bemerkt, daß solche Träume Selbstheilungsversuche sind. Besagte Kriegsteilnehmer haben durch neben ihnen einschlagende Geschosse oder den Anblick zerfetzter Kameraden deshalb ein so tiefsitzendes Trauma davongetragen, weil ihr Nervensystem jäh davon überrascht wurde. Es konnte sich nicht genügend darauf einstellen; dazu fehlte ihm die nötige Angst. Angst haben heißt ja eine bestimmte Gefahr erwarten. »Ich glaube nicht,« sagt Freud daher, »daß die Angst eine traumatische Neurose erzeugen kann; an der Angst ist etwas, was gegen den Schreck und also auch gegen die

10 L. c., S. 42
11 Sigmund Freud, *Jenseits des Lustprinzips*, Studienausgabe, Bd. III, Fischer, Frankfurt am Main 1975, S. 223

Schreckneurose schützt.«[12] Und so versucht das Nervensystem, den Schrecken, auf den es sich nicht genug vorbereiten konnte, sozusagen nachzubereiten: durch nachträgliche Angstentwicklung – dergestalt, daß der Traumatisierte die unbewältigte Schrecksituation im Traum immer wieder halluziniert.

Das Leiden an solchen Traumata ist zermürbend, zumal die Selbstheilungsversuche, die das Traumleben der Betroffenen unternimmt, gewöhnlich nicht ausreichen, um sie zu kurieren. Sie bedürfen zusätzlicher therapeutischer Hilfe. Ihr Leiden ist, verglichen mit den Anfängen der Menschheit, freilich schon etwas kulturell weich Eingebettetes. Es ist bloß noch der Traum, worin es voll ausbricht. Im Wachzustand ist es halbwegs unter Kontrolle. Der Traum aber verweist stets in die Vergangenheit; nicht nur in die eigene Kindheit, an die das Traumleben immer wieder anknüpft, sondern auch in die Kindheit der Menschheit. Der Traum ist »primitive Denktätigkeit«[13], sagt Freud und meint damit: Was Menschen heute in der Regel nur noch im Schlaf tun, nämlich Bilder, Töne, Gerüche, Geschmäcke, Lust- und Schmerzempfindungen zu halluzinieren, das war vor sehr langer Zeit bei ihren altsteinzeitlichen Vorfahren auch im Wachzustand die Regel. Halluzination ist die primitivste Form des Denkens. Stimmen hören, Gestalten sehen, Gerüche riechen, für die ersichtliche äußere Ursachen fehlen und die allen andern in unmittelbarer Umgebung verborgen bleiben: das ist heute das klinische Kriterium für eine Psychose. Sie ist definiert als krankhafte Unfähigkeit, zwischen Wahrnehmung äußerer Reize und innerer Vorstellung zu unterscheiden. Doch genau diese Differenz hat die Menschheit in ihren Anfängen unendlich mühselig lernen müssen. Innere Bilder, Vorstellungen, Gedanken sind ja nicht fertig vom Himmel gefallen. Sie haben von der Außenwelt und ihrer Wahrnehmung erst einmal abgelöst werden müssen. In der ersten, sich über viele Jahrtausende erstreckenden Ablösephase kann es gar nicht

---

12 Ibidem
13 Sigmund Freud, *Die Traumdeutung*, Studienausgabe, Bd. II., l. c., 1972, S. 539

anders gewesen sein, als daß Inneres und Äußeres noch nahezu ununterschieden aneinanderklebten, wie es auch als sicher gelten darf, daß Naturwesen nicht aus Spaß die Anstrengung auf sich nehmen, von ihren Wahrnehmungen etwas so unerhört Neues abzuzweigen wie innere Vorstellungen. Die ungeheure Nervenarbeit, die da zu leisten war, deutet darauf hin, daß es etwas Ungeheures zu bewältigen gab, wie ja heute noch die Halluzinationen des alltäglichen Träumens, wenn auch zumeist in harmlosem Kleinformat, damit beschäftigt sind, unerledigte Reize zu bewältigen. Nicht von ungefähr nannte Freud die Traumtätigkeit »Traumarbeit«[14].

Wenn alles Denken anfangs halluzinatorisch war, so heißt das umgekehrt auch: Es gibt kein elementareres und sinnlicheres Denken als die Halluzination. Allerdings folgt daraus nicht, daß unsere Altsteinzeitvorfahren genau so gedacht haben, wie wir träumen. Der Traum ist nur noch Halluzinations*rückstand*, nur noch Untergrund jenes mentalen Raums, der in seiner Entstehungsphase von nichts als Halluzination erfüllt und noch bar jeglicher abstrakteren Vorstellung war, von Begriffen und ihrer Verknüpfung zu Urteilen und Schlüssen ganz zu schweigen. Die in den Untergrund gedrückte, nur im Schlaf aufsteigende und selbst dann noch zensierte Halluzination ist ein gestauchter Rest derjenigen, die einst das ganze mentale Leben ausgemacht hat. Dennoch sind beide wesentlich »primitive Denktätigkeit«. Die Grundmechanismen, die Freud am Traum herausgearbeitet und als seelischen »Primärvorgang« bezeichnet hat, sind keineswegs auf den Traum beschränkt; sie sind konstitutiv für jegliche Halluzination, also Primärmechanismen des menschlichen Denkens selbst, um nicht zu sagen, Grundmechanismen der Menschwerdung. Freud war auf nichts so stolz wie die Entdeckung »des sogenannten psychischen *Primärvorganges*« und nannte sie »unsere tiefste Einsicht in das Wesen der nervösen Energie«.[15] Ausgerechnet die Reichweite dieser »tiefsten Einsicht« hat

14 L. c., S. 280
15 Sigmund Freud, *Das Unbewußte*, Studienausgabe, Bd. III, l. c., S. 145 und 147

Freud gründlich unterschätzt, genauso wie er die Funktionsweise des traumatischen Wiederholungszwangs am Traumleben von Unfall- und Kriegstraumatisierten offenlegte, aber nicht bemerkte, daß er damit noch viel mehr entdeckt hatte, nämlich den menschheitsgeschichtlichen Primärvorgang der Konstitution des Heiligen: »Vor dem mir graut – zu dem michs drängt.«[16]

Der Primärvorgang dabei ist zunächst ein ritueller: den Schrecken durch Schlachtung zelebrieren. Der zelebrierte Schrecken ist freilich nicht mehr Naturschrecken pur, sondern gestalteter Schrecken. In der Natur ist er dezentral und regellos. Hier wilde Tiere, dort Unwetter, Überschwemmung, Erdbeben, Feuersbrunst. Im Ritual hingegen wird er zentralisiert und geregelt, das heißt von den verschiedenen Orten seines sporadischen Auftretens verschoben an einen besonderen Ort und dort zum Schrecken schlechthin, zum heiligen Schrecken verdichtet. Verdichtung und Verschiebung sind für Freud »die beiden Werkmeister«[17] des Traums. Sie machen seinen »Primärvorgang« aus. Sie sind aber weit »primärer« als von Freud gedacht, konstituieren nicht erst den Traum, sondern schon den rituellen Raum, der gleichsam den Nährboden aller halluzinatorischen Kräfte bildet und zudem auf verblüffend einfache Weise transparent werden läßt, wie Verdichtung und Verschiebung mit der Umkehrung zusammenhängen, deren Wichtigkeit für Freud unzweifelhaft war, deren Status im Primärvorgang ihm aber nie ganz klar wurde.[18] Nun zeigt sich: Die Umkehrung ist die Angel, in der sich der Primärvorgang dreht. Verdichtung und Verschiebung sind im Dienste der Umkehrung des Schreckens überhaupt erst in Gang gekommen.

Einmal umkehren genügt freilich nicht. Der gewendete Schrecken ist ja immer noch schrecklich. Er bedarf dringend weiterer Abmilderung, und so hat Homo sapiens von seiner Flucht nach vorn allmählich einen Fluchtweg abgezweigt und gebahnt, der nach innen

---

16 Cf. Christoph Türcke, *Philosophie des Traums*, l. c., S. 16 und 62
17 Sigmund Freud, *Die Traumdeutung*, l. c., S. 307
18 Ausführlich hierzu Christoph Türcke, *Philosophie des Traums*, l. c., S. 52 ff.

führte. Auf dem Boden des rituellen Raums tat sich, sozusagen als dessen *genius loci*, der mentale Raum auf, worin die Schreckbewältigung in einen neuen, sublimeren Aggregatzustand überging und sich zu einer neuen Art von Gestalt verschob und verdichtete: zum inneren Bild des Schreckens. Das innere Bild hat als Notausgang begonnen. Es halluziniert den Schrecken als die höhere Macht, die die Schlachtung »will«. Erst dadurch ist die Schlachtung überhaupt zum Opfer, zur Darbringung geworden, hat einen Adressaten, ein Wozu, einen höheren Sinn bekommen, der ihr Grauen milderte. Was auf griechisch *theoria* heißt, nämlich das »Sehen des Göttlichen«, hat in der Halluzination eines Adressaten, eines Sinnstifters der Schlachtung seinen Anfang. Theorie hat als verzweifelte Besänftigung von Praxis begonnen. Im Opferritual sind beide auseinandergetreten, hier hat die Halluzination angefangen, sich von Sensorik und Motorik abzulösen, hier zeigt sich der Primärvorgang in seinem primären Stadium. Es besteht daher aller Anlaß, Freuds »tiefste Einsicht« bis in dieses Stadium voranzutreiben und seine Traumdeutung überall dorthin auszudehnen, wo es jene »primitive Denktätigkeit« aufzuhellen gilt, von der der Traum bloß der gestauchte Rest ist.

Abtrünnige Gefolgsleute – anhängliche Gewährsleute

Blickt man im Licht dieses kleinen Exkurses über die Heiligung des Schreckens auf die »unfaßbare Kehrtwende« am Ursprung des Christentums zurück, wird sie um einiges faßlicher. Fest steht: Es war eine Schar einfachen Volks, die mit Jesus nach Jerusalem zog. Daß seine ersten Anhänger Fischer vom See Genezareth waren, ist nicht erfunden. Vielmehr erregte Anstoß, daß derart einfache, ungebildete Leute die dienstältesten Träger einer grundstürzend neuen, höchst prätentiösen Weltsicht sein sollten. Und so entstand schon früh die Legende, Jesus habe aus den gemeinen Fischern Simon (später Petrus genannt) und Andreas, als er sie zu seinen Jüngern berief, etwas Höheres gemacht: »Menschenfischer« (Mk 1, 17) –

eine denkbar schiefe Metapher, die durch Worte bekehrte Menschen mit im Netz zappelnden Fischen vergleicht. Als sicher hingegen darf gelten, daß Jesus seine Begleiterschar mit höchsten Erwartungen aufgeladen hatte. In Jerusalem sollte nicht irgendetwas passieren, sondern »das Reich kommen«: die bestehende Welt aufhören und eine völlig neue beginnen, die mit Entstehen und Vergehen, Sieg und Niederlage, Trauer und Elend nicht länger geschlagen ist. Um so größer das Desaster. Derjenige, der »das Reich« sozusagen vorverkörperte, wird gefangen genommen und gekreuzigt, und als sicher darf nur noch zweierlei gelten: Alle Jünger verließen ihn und flohen, und zumindest einige erfuhren von seiner Kreuzigung und seinem lauten Schreien, ehe er starb,[19] sei es durch Stadtgespräch, sei es durch fernes, verstohlenes Zuschauen. Dann verliert sich ihre vorösterliche Spur, und erst nach einer schwer zu ermessenden Zeitspanne – »am dritten Tag« ist eine ganz unglaubwürdige, der magischen Dreizahl geschuldete Angabe[20] – treten sie gemeinsam wieder hervor: als die ersten Christen.[21]

Was in der Zwischenzeit geschehen ist? Wir wissen es nicht. Offenbar hatten die Jünger später keinerlei Interesse daran, ihre Erinnerung an diese Tage zum Bestandteil der urchristlichen Botschaft zu machen. Wo sie sich nach der Kreuzigung Jesu aufgehalten, was sie gesagt und getan haben, dies alles wäre verdammt inter-

19 Auch das war viel zu furchtbar für sie, als daß sie es hätten erfinden können; vielmehr hatten sie umgekehrt allen Anlaß, sich das grauenhafte Schreien erträglich zu machen, und dazu war hilfreich, es in die legitimierten Worte von Psalm 22, 1 übersetzten: »Mein Gott, mein Gott, warum hast du mich verlassen?« Ob die Jünger selbst bibelkundig genug waren, um diese Übersetzung leisten zu können, oder ob sie erst durch spätere, schriftgelehrte Christen vorgenommen wurde, ist allerdings kaum mehr zu erhellen.
20 So auch schon der Prophet Hosea 6,2 (LXX): Der Herr »wird uns gesund machen nach zwei Tagen, am dritten Tage werden wir auferstehen und vor ihm leben.« Dahinter steht die uralte Vorstellung von der »Wiederauferstehung« des Mondes nach drei Tagen Neumonddunkel.
21 Natürlich nannten sie sich ganz zu Anfang noch nicht so. Das Wort *Christos* ist ja bereits eine Übersetzung von *Messias* und kam erst ins Spiel, als sie sich griechisch sprechendem Publikum verständlich machen mußten.

essant, aber niemand hat es aufbewahrt. Und dennoch darf man gewiß sein, daß sie bestimmte Dinge sicher nicht getan haben: etwa gemütlich in einer Schenke sitzen und Würfel spielen. Sie waren in Panik geflohen, ihr über Jahre hinweg aufgebautes Selbst- und Weltverständnis war zutiefst erschüttert. Kurzum, daß sie traumatisiert und gefährdet waren, allen Anlaß hatten, sich entweder zu verkriechen oder sich ihrer Umgebung bis zur Unkenntlichkeit anzugleichen, also ihren Herrn zu »verleugnen«, um nicht ein ähnliches Schicksal zu erleiden wie er: das kann man auch wissen, ohne die Details ihres Verhaltens zu kennen. Und dann – ob nach Tagen, Wochen oder Monaten, läßt sich schwer sagen – kam der Umschwung. Die abtrünnigen, untergetauchten Gefolgsleute Jesu traten als seine anhänglichsten Gewährsleute hervor. Die Panik war von ihnen abgefallen. Ihre Fluchtrichtung hatte sich *umgekehrt*.

Die älteste erhaltene Kunde von dieser Kehrtwende stammt aus zweiter Hand – von einem, der Jesus nie kennengelernt hat und sich dennoch in die Reihe der authentischen Zeugen seiner Auferstehung stellt: Paulus. Als er den ersten Korintherbrief schreibt, ist die Kehrtwende etwa zwanzig Jahre her. Er kennt sie nur vom Hörensagen. Bei seiner Einweisung ins Christentum hat er sie als jene eiserne Ration des Evangeliums mitgeteilt bekommen – wie und von wem, sagt er nicht –, die er der Gemeinde zu Korinth so weitergibt: »Denn ich habe euch vor allem überliefert, was ich selbst empfangen habe: daß Christus gestorben ist für unsere Sünden nach den Schriften, und daß er begraben wurde, und daß er auferstanden ist am dritten Tage nach den Schriften, und daß er gesehen wurde von Kephas, dann von den Zwölfen, danach wurde er von mehr als fünfhundert Brüdern auf einmal gesehen [...]; dann wurde er von Jakobus gesehen, dann von allen Aposteln; zuletzt von allen wurde er, als von einer Fehlgeburt, auch von mir gesehen.« (1Kor 15, 3–8)

Wie fern sind diese Worte dem historischen Jesus bereits! Sein Kreuzestod kommt nur noch doppelt abgefedert vor: als geschehen »für unsere Sünden« und »nach den Schriften«, will sagen, nicht mehr als grauenhaftes, sondern schlechterdings rettendes, sinnstiftendes Ereignis, und im Einklang mit den Schriften, die den Juden heilig waren. Mit andern Worten: Diese Schriften – gemeint sind vornehmlich Pentateuch, Propheten und Psalter – haben vorausgesagt, daß Jesus »für unsere Sünden« sterben werde. Das *vaticinium ex eventu* gehört bereits zu jenen wenigen Sätzen, die Paulus als Evangeliumsextrakt ausgibt. Mehr noch: Hier zeigt sich die Elementarfunktion der nachträglich fingierten Weissagung. Besonderen Ereignissen eine höhere Bedeutung beilegen heißt nämlich zunächst, ihr Grauen abzumildern. Sie werden erträglicher, wenn man sich sagen kann: Es war so vorgesehen; Gott hat es so gewollt. Auch mit der Auferstehung war offenbar besser zurechtzukommen, wenn sie als ein Ereignis »nach den Schriften« deklariert wurde. Die beiden grundstürzenden, ebenso untrennbaren wie gegenläufigen Heilsereignisse, die das Evangelium verkündete, verlangten nach einem vertrauten Koordinatensystem, um überhaupt verkraftet werden zu können. Kurzum, sie verlangten nach »den Schriften«, nach Integration ins Judentum, als seien sie nicht der Bruch mit der langen Tradition jüdischer Heilserwartungen, sondern die Erfüllung, auf die sie allesamt zustreben und vorausdeuten, ja als habe Jahwe, der Gott Israels, die gesamte Geschichte auf sie hin angelegt, als zeige er erst in Tod und Auferstehung Jesu ganz, wer er sei.

Dann erst reicht Paulus das dritte Ereignis nach, ohne das die andern beiden gar nicht hätten verkündet werden können: Christus »wurde gesehen« (griechisch: *ophte*), zuerst von Kephas[22], dann von »den Zwölfen«, dem innersten Kreis um Jesus, der in der Urgemeinde offenbar viel zu bekannt war, als daß Paulus ihn namentlich aufzählen mußte. Dann sollen »mehr als fünfhundert Brüder auf einmal« Jesus »gesehen« haben, ein Massenereignis, von dem es keine weitere Notiz gibt, allenfalls einen vagen Nachhall in der Pfingstgeschichte; und dann kommen die Nachzügler: Jakobus,

22 *Kephas* ist das aramäische Wort für »Fels«, das auf griechisch *petros* heißt. Schon in der christlichen Urgemeinde ist es der feste Beiname des Fischers Simon, des mutmaßlichen ersten Jüngers Jesu.

höchstwahrscheinlich der »Herrenbruder«, der einzige in der urchristlichen Gemeinde außer den Jüngern, der Jesus persönlich gekannt hat, aus einer bestimmten Perspektive vielleicht besser als alle andern, von dem man aber weder weiß, wie er zur christlichen Gemeinde stieß, noch was er »sah«, als ihm sein leiblicher (Halb?)-Bruder plötzlich als Christus »erschien« oder was er sonst über ihn dachte, sondern nur, daß ihm in der Jerusalemer Gemeinde zunehmend die Stellung der obersten Autorität zuwuchs. Dann kommen »alle Apostel«, ebenfalls ohne Namensangabe, weil offenbar ebenso bekannt wie »die Zwölf«. »Die Zwölf« sind der engste Kreis der Apostel; aber es gab deren mehr als zwölf. Alle Apostel sind dadurch qualifiziert, Christus »gesehen« zu haben; das gilt auch noch für den letzten in ihrer Reihe, der sich als apostolische »Fehlgeburt« bezeichnet und damit womöglich einen aus dem ältesten Jerusalemer Gemeindekreis gegen ihn gerichteten Schimpfnamen aufnimmt: Paulus selbst. Aber es gibt auch Leute, die Christus »gesehen« haben, ohne Apostel zu sein. Die »mehr als fünfhundert Brüder«, die ihn »auf einmal« gesehen haben sollen, sind dadurch nicht pauschal zu fünfhundert Aposteln promoviert worden. Es gab für Paulus also bereits ein apostolisches Sehen und ein im Vergleich dazu subalternes, ohne irgendeinen Hinweis darauf, wie beide zu unterscheiden wären.

»Nach den Schriften«: das war schon vage genug, zumal durch kein einziges Schriftzitat gestützt: *ophte* (»wurde gesehen«) ist noch um eine Spur lakonischer. Gewöhnlich kann kein Zeuge, der zur Erhellung eines Tathergangs beitragen will, sich damit begnügen, vom Tatverdächtigen lediglich zu behaupten, daß er ihn »gesehen« habe. Er muß hinzufügen, wann, wo, unter welchen Umständen, sonst ist er völlig unglaubwürdig. Von alledem bei Paulus kein Wort, und das, obwohl er für sich in Anspruch nimmt, Christus nicht minder »gesehen« zu haben als Petrus oder »die Zwölf«. Man bedenke: Das kahle, nackte »wurde gesehen« ist der Fels, auf den die christliche Botschaft sich gründet. Und was tun all die klugen und gelehrten Theologen, die sonst kein historisches Detail, das zum besseren

Verständnis neutestamentlicher Texte beitragen könnte, unerhellt lassen, die das Christentum scharfsinnig mit griechischer Philosophie und europäischer Aufklärung zu verbinden wissen, die gnadenlos jede Schwachstelle der Marxschen oder Freudschen Religionskritik aufdecken? Sie nehmen das windige »wurde gesehen« hin, als wäre es das solideste Fundament, ignorieren seine schreiende Erläuterungsbedürftigkeit einfach oder spielen sie aufs Fadenscheinigste herunter – und loben die »Zeugen« der Auferstehung womöglich noch für ihre weise Enthaltsamkeit gegenüber der Versuchung, Jesu Auferstehung indiskreten menschlichen Beschreibungsversuchen auszusetzen.[23]

Untot – auferstanden

Jesus »wurde gesehen« – ausschließlich von Christen, versteht sich. Es ist niemand bekannt, der ihn nicht als Christus verehrt und ihn gleichwohl nach seiner Kreuzigung noch gesehen hätte. Es gibt keine neutralen Zeugen. Wer auf Zurechnungsfähigkeit Wert legt, kommt

23 Zwei Kostproben: »In dieser keuschen Zurückhaltung ist der neutestamentliche Bericht von der späteren Erzählung des apokryphen Petrusevangeliums unendlich weit unterschieden. Dessen Verfasser unternimmt im zweiten Jahrhundert n. Chr. den Versuch, die Auferstehung Jesu zu beschreiben […] Während diese Darstellung neugierig in das Geheimnis eindringen möchte und auf das Schauen der Auferstehung abzielt, richten die Evangelisten allein das Wort der Verkündigung aus; denn sie wissen, dass die Auferweckung Jesu Christi von den Toten unseren Augen verborgen bleibt.« (Eduard Lohse, *Die Auferstehung Jesu Chrsti im Zeugnis des Lukasevangeliums*, Neukirchener Verlag, Neukirchen 1961, S. 19 f.) Nicht minder hübsch: »Den ›Herrn gesehen‹ zu haben oder sinngleiche Formulierungen bleiben durchweg bei ihm [sc. Paulus] stichwortartige Angaben, die davon absehen, eine wenigstens in Umrissen konkrete ›Bildbeschreibung‹ zu erstellen«. »Mit seiner Zurückhaltung bei den genannten Phänomenen steht Paulus […] in voller Harmonie mit den bekenntnisartigen Traditionen […] Die Übereinstimmung ist alles andere als unwichtig. Besonders zentral ist die Gemeinsamkeit, dass die himmlische Wirklichkeit, in der Jesus lebt und die er seit Ostern repräsentiert, nicht beschrieben wird. Jesu Sonderstellung bei Gott wird vielmehr so ausgelegt, dass auf seine jetzige erfahrbare Wirksamkeit anlässlich der Berufung einzelner, in der Gemeinde und auf den

schwerlich an dem Befund vorbei, daß Leute, die jemanden nach seinem Tod als ihren Retter »sehen«, während er allen andern in ihrer Umgebung hartnäckig verborgen bleibt, milde gesagt eine Vision haben. Schärfer gesagt: Sie halluzinieren. Das muß sie keineswegs sogleich disqualifizieren. Halluzination ist, wie oben gezeigt, zunächst einmal primitive Denktätigkeit, und das schließt ein: maximal sinnliche und erregte Denktätigkeit. Glaube ist »Betroffensein« von etwas, »was uns unbedingt angeht«, sagt Paul Tillich.[24] Das trifft auf die Halluzination voll zu. Von hier aus ließe sich schnell der unfruchtbare Streit schlichten, ob Glaube als Betroffensein etwas anderes ist als Denken oder nur eine Spielart davon, nämlich »mit Zustimmung denken«, wie es in der Scholastik heißt. Halluzination *ist* Denktätigkeit, aber in einem Stadium, wo man sie von sinnlicher Wahrnehmung und Erregung noch gar nicht trennscharf unterscheiden kann. Es gibt keinen authentischen Glauben ohne die Tiefenschicht primitiver Denktätigkeit, und am Beginn des Christentums bestand der Glaube nahezu nur aus dieser Schicht.

Schauen wir uns unter diesem Gesichtspunkt den Fischer Petrus, ein schlichtes Gemüt aus der galiläischen Provinz, aber stark erregbar und hoch empfänglich für die Erwartungen, die Jesus entfachte, etwas genauer an, so läßt sich einiges darüber herausbekommen, was dahintergesteckt haben dürfte, als er eines Tages verkündete, seinen Herrn »gesehen« zu haben. Als erster Jünger Jesu, der ihm besonders nahe gestanden hatte, war er auch von seiner Gefangennahme und Kreuzigung besonders traumatisiert – und zudem besonders gepeinigt davon, daß er Reißaus genommen und seinen Herrn kläglich im Stich gelassen hatte. Das ist keine bloße Vermutung. Wie sehr ihn seine Schuld plagte, hat sich in der Geschichte von seiner Verleugnung Jesu niedergeschlagen. Es gab nicht den geringsten Anlaß,

Missionsfeldern verwiesen und auf sein Vollendungshandeln zugunsten der Gemeinde gehofft wird.« (Jürgen Becker, *Die Auferstehung Jesu Christi nach dem Neuen Testament*, Mohr-Siebeck, Tübingen 2007, S. 109, 134 f.)
24 Paul Tillich, *Systematische Theologie*, Bd. I, Evangelisches Verlagswerk Stuttgart, 1956, S. 19 f.

etwas so Unschönes zu erfinden, wohl aber einigen, es abzumildern, und das tut die Geschichte schon ihrer ältesten überlieferten Form gleich doppelt. »In dieser Nacht, ehe der Hahn zweimal kräht, wirst du mich dreimal verleugnen« (Mk 14, 30), legt sie Jesus in den Mund. Ein weiteres *vaticinium ex eventu*. Weil Jesus die Verleugnung voraussah, war sie vorgesehen – ungemein schäbig zwar, aber dennoch eine Fügung. Ein Zahlenspiel – zweimal krähen, dreimal verleugnen – gibt ihr zudem das Ansehen eines geradezu rituell sanktionierten Ablaufs. Erst am Schluß der Geschichte schimmert Ungeschminktes durch: Petrus »verhüllte sich und weinte« (Mk 14, 72).

Das wird sich nicht auf die Stunden nach der Verhaftung Jesu beschränkt, sondern unter dem Eindruck seines grauenhaften Tods noch entschieden verstärkt haben. Und in dieser desolaten Situation begannen die »Bewältigungsversuche eines Überwältigten«. Überwältigt war er ebenso vom Zusammenbruch all dessen, was Jesus in ihm aufgebaut hatte wie vom Gefühl, am Tod seines Herrn mitschuldig zu sein. Wie sollte da ausbleiben, daß der gestorbene Jesus im Nervensystem seines engsten Jüngers ein furchtbares Nachleben zu entfalten begann? Man braucht wenig Phantasie, um es sich vorzustellen, wenn man einen Begriff davon hat, was traumatische Erfahrung ist. Petrus mußte sich an Jesus nicht eigens erinnern. Die Erinnerung war übermächtig da. Bei Tag und Nacht, im Traum und im Wachzustand klagte sie ihn an und schüttelte ihn, und wenn er nach solchen Erinnerungsanfällen Jesus »gesehen« zu haben angab, dann gewiß aus ehrlichster Überzeugung.

Den historischen Jesus hatte er fliehen können. Den untoten Jesus, der ihn mit größter Zudringlichkeit heimsuchte und ihn stumm oder laut fragte: »Mein Simon, mein Simon, warum hast du mich verlassen?« – den konnte er nicht fliehen. Hier gab es nur einen Ausweg, nämlich die Flucht nach vorn: vor dem Grauenhaften, was er »sah«, *beim* Grauenhaften Zuflucht suchen, es in eine von allem Grauen errettende Macht wenden, es »heiligen«. Eine solch ungeheure Umkehrung läßt sich freilich nicht mit einem Mal vollbringen. Sie bedarf vieler heftiger Anläufe, bis sie allmählich gelingt. Kurzum, sie braucht Zeit, und diese Zeit, von der wir nicht wissen, wie lange sie gedauert hat, ist die Inkubationszeit des Christentums. Natürlich kann sie nicht »am dritten Tage« zu Ende gewesen sein. Auch die vierzig Tage von der »Auferstehung« bis zur »Himmelfahrt« Jesu sind mehr als knapp bemessen und selbstverständlich eine nachträglich eingesetzte rituelle Zahl. Sie lehnt sich an die vierzig Jahre an, die Israel beim Auszug aus Ägypten ins gelobte Land in der Wüste verbracht haben soll – als Zeitangabe völlig unzuverlässig, und dennoch sinnig. Die Kehrtwende des Petrus ist gewiß ein Gang durch eine innere Wüste gewesen, die man sich kaum ungemütlich genug vorstellen kann: eine Selbstüberwindung auf Leben und Tod.

Die primitive Denktätigkeit, die sich dabei vollzog, läßt sich dennoch auf eine karge Gleichung bringen: untot = auferstanden. Niemand der sogenannten ersten Zeugen hat je zu behaupten gewagt, er habe gesehen, wie Jesus auferstanden sei. Alle haben nur angegeben, das, was sie gesehen hätten, sei der Auferstandene gewesen. Das aber ist bereits eine Deutung des Gesehenen, um nicht zu sagen, eine Umdeutung, die in all ihrer halluzinatorischen Sinnlichkeit bereits eine logische Schlußfigur enthält: Er ist nicht tot, *also* ist er auferstanden. Es hätte durchaus noch andere Schlußoptionen gegeben, und eine davon hat das frühste Christentum offenbar direkt bedroht, sei es von innen oder von außen: Er ist nicht tot, *also* ist er gar nicht gestorben, sei es, daß er scheintot gewesen war, sich irgendwo versteckt hielt oder umging. Das waren lauter furchtbare Vorstellungen für die abtrünnigen Jünger. Daher ihre Insistenz darauf, daß er »begraben« wurde, obwohl nichts dafür spricht, daß auch nur einer von ihnen dabei war. Angeblich »sahen Maria Magdalena und die Maria des Jakobus, wo er hingelegt worden war« (Mk 15, 47). Aber den Ort sollen sie dann hübsch für sich behalten haben? Sehr unglaubwürdig. Die Geschichte vom netten Ratsherrn Joseph von Arimathia, der seine Grabstelle abtritt und sonst nirgends wieder auftritt (Mk 15, 43 ff.), ist ohnehin nicht für bare Münze zu nehmen. Allenfalls mag der Name historisch sein, tatsächlich einem Ratsherrn gehören, der »an das Reich Gottes glaubte«, also Vorstellungen davon hegte, die mit denen im Jesus-Kreis eine gewisse Ähnlichkeit hatten. Aber was dieser Person dann angedichtet wurde, ist auf den ersten Blick als beschwichtigende Legende erkennbar. Wer eine derart schändliche Hinrichtung wie Jesus erlitten hatte, dürfte kaum anders als anonym verscharrt worden sein. Aber nur unter der Voraussetzung, daß Jesus definitiv tot war – und dafür stand »begraben« –, konnte er aufhören, untot zu sein. Sein Begrabensein mußte eigens beschworen werden, um von seinen postmortalen Heimsuchungen loszukommen.

Als Petrus das gelang, erlebte er eine für ihn gewiß unfaßbare Kehrtwende. Sehr plausibel, daß er nicht wußte, wie ihm geschah, als er den untoten Jesus als auferstanden auszurufen begann, sehr glaubwürdig, daß das zunächst nicht in wohlgesetzten Worten vor sich ging, sondern konfus, stammelnd, ekstatisch, wie es die Geschichte von der »Ausgießung des heiligen Geistes«, dem Pfingstwunder, nachträglich stilisiert hat. War doch die Kehrtwende eine Art Selbstexorzismus. Der Dämon einer unbewältigten Vergangenheit, der anklagend an den Nerven riß, war auszutreiben – jenes Gespenst, als das Jesus selbst in den hoch stilisierten Auferstehungslegenden des Lukas nicht aufhört, umzugehen (Lk 24, 37); jene innere Befindlichkeit, die noch Markus als österliches Primärerlebnis verzeichnet: »Zittern und Entsetzen hatte sie ergriffen.« (Mk 16, 8)

»Auferstanden«: dies Wort konnte nur dann von dem furchtbaren Dämon erretten, wenn es mehr hieß als »wiederbelebt«, wenn es in engstem Zusammenhang mit den Erwartungen stand, die der historische Jesus geweckt hatte: daß »das Reich komme«. In diesem rettenden Reich sollte es keinen Tod mehr geben, und wenn Jesus »lebte«, dann mußte das so zu verstehen sein, daß er *in dieses Reich* auferstanden war. Es hatte schon begonnen. Er war den Seinen dahin vorausgegangen. Gewöhnlich wird ein kürzlich Gestorbener, der einem Angehörigen mit großer Zudringlichkeit im Traum erscheint, als Alp erlebt: als jemand, der kommt, um den Träumer zu »holen«. Das Grauen davor in ein Sehnen danach zu verwandeln: das ist die genuine Osterleistung gewesen. Ja, der Vorausgegangene *soll* uns holen: in sein Reich. Mehr noch: Er *wird* in Kürze wiederkehren und seine Getreuen holen. Diese Kehrtwende ermöglichte, das zusammengebrochene Erwartungskonstrukt wie einen inneren Tempel wieder aufzubauen, und zwar schöner und größer, als es zuvor gewesen war. Damals stand das Reich nur unmittelbar bevor; jetzt ist es bereits angebrochen. Damals war Jesus nur der Herr seiner Jünger gewesen und jemand, der durch seine Worte und Taten dies Reich gleichsam vorskizzierte. Nun ist das Reich *sein* Reich und er nicht mehr bloß Herr über eine kleine Schar, sondern der Herr schlechthin, was nach jüdischem Verständnis nur heißen konnte: der Gesalbte (hebräisch: *Messias*, griechisch: *Christos*), der wahre, lang erwartete Nachfahre Davids, der sein Volk endlich errettet.

Die Kehrtwende aber ermöglichte noch mehr: das peinigende Schuldgefühl der Abtrünnigen durch eine neue Anhänglichkeit zu überwinden, die die Jesus zu Lebzeiten erwiesene überbot – zum einen, weil sie nun weit mehr in ihm sah als damals, nicht nur den überwältigend authentischen Boten der Rettung, sondern den Retter selbst; zum andern, weil sie nun ein stabileres emotionales Fundament hatte. Die neue Anhänglichkeit war gleichgültiger gegen äußere Gefahren als die alte. Lieber nahm sie die Verfolgung durch Juden und Römer in Kauf, als daß sie die Wiederkehr des furchtbaren Schuldgefühls riskierte.

Allmähliche Verfertigung der Gedanken

Petrus ist der Bahnbrecher dieser Kehrtwende gewesen.[25] Aber sie wäre gewiß verpufft, wenn nicht andere abtrünnige Gefolgsleute Jesu in seiner Nähe gewesen wären und ähnlich gefühlt hätten wie er, so daß er sie mitreißen konnte und irgendwann nicht mehr nur

25 Eine andere Frage ist, ob er definitiv der erste war, der sie vollzog. Warum lassen alle vier Evangelisten die Ostergeschichte mit Frauen um Maria Magdalena beginnen? Männer in patriarchaler Umgebung hatten keinerlei Anlaß, das

er den untoten Jesus als auferstandenen Christus »sah«, sondern auch »die Zwölf«, zu denen er selbst gehörte, und schließlich »alle Apostel«. Und erst aus dieser gemeinsamen Vision konnte der Kehrtwende die Kraft zuwachsen, weitere Kreise zu ziehen und Leute zu erfassen, die bis dato von Jesus nichts wußten. Mit andern Worten: Die Kehrtwende der Jünger konnte in die Bekehrung von Außenstehenden übergehen. Man muß sich das freilich nicht als zwei säuberlich getrennte Phasen vorstellen. Die Wehen der inneren Kehrtwende durchleiden: das war schwerlich möglich, ohne für das, was einem da widerfuhr, nach Worten zu ringen. Jesus als Auferstandenen zu »sehen« bekommen und davon sprechen müssen war eins. Die ihn »gesehen« hatten, waren zu Worten Getriebene; theologisch ausgedrückt: »Apostel«, was ja wörtlich »Abgesandte« heißt. Eine innere Nötigung »sandte« sie, den »Gesehenen« allen, die es hören oder auch nicht hören wollten, ohne Rücksicht auf Gefahren und Verluste zu verkünden.

frei zu erfinden, einigen Anlaß hingegen, es, wenn es tatsächlich so war, herunterzuspielen. Frauen als Kronzeugen? Das durfte nicht sein. Das Zeugnis von Frauen zählte nicht, solange es nicht von einem Mann beglaubigt war. Die ersten »Zeuginnen« treten denn auch lediglich in der Rolle von Leichensalberinnen auf: um die im Todesfall typische Frauenarbeit zu vollziehen. Mag dieser Arbeit hier auch der tiefere Sinn unterlegt sein, den Leichnam Jesu in den höheren Zustand des Gesalbten (= Christus) zu versetzen – tüchtig Spezereien einkaufen, um einen bereits bestatteten Leichnam zu salben, ohne zu wissen, wer einem das Grab öffnet, ist kein besonderer Ausweis für Zurechnungsfähigkeit. Die Salberinnen bekommen daher statt des Auferstandenen auch nur das leere Grab zu sehen – und von dem »Jüngling«, welcher im Grab sitzt, den Auftrag, »seinen Jüngern und dem Petrus« zu sagen, daß sie ihn »in Galiläa« »sehen« werden (Mk 6, 5 ff.). Eine abstruse, ganz unglaubwürdige Geschichte, die gleichwohl klar in ihrer Stoßrichtung ist: Frauen taugen nicht als Apostel. Ihre Rolle ist lediglich, »den Jüngern und Petrus«, oder in der Terminologie des Paulus, »Kephas und den Zwölfen«, Bescheid zu geben, wo sie den Auferstandenen »sehen« werden. – Die Frauenunterdrückung in der frühsten Phase des Christentums ist schwierig zu rekonstruieren und wird hier auch deshalb nicht weiter verfolgt, weil die »unfaßbare Kehrtwende«, um die es hier geht, in Frauen schwerlich einen wesentlich anderen strukturellen Verlauf hat nehmen können als in Männern.

Die Apostel brauchten Außenstehende, und zwar für das, was Heinrich von Kleist *Die allmähliche Verfertigung der Gedanken beim Reden* genannt hat. »Wenn du etwas wissen willst und es durch Meditation nicht finden kannst, so rate ich dir, [...] mit dem nächsten Bekannten, der dir aufstößt, darüber zu sprechen. Es braucht nicht eben ein scharfdenkender Kopf zu sein, auch meine ich es nicht so, als ob du ihn darum befragen solltest: nein! Vielmehr sollst du es ihm selber allererst erzählen. [...] Oft sitze ich an meinem Geschäftstisch über den Akten [...]. Oder ich suche, wenn mir eine algebraische Aufgabe vorkommt, nach dem ersten Ansatz [...]. Und siehe da, wenn ich mit meiner Schwester davon rede, welche hinter mir sitzt und arbeitet, so erfahre ich, was ich durch ein vielleicht stundenlanges Brüten nicht herausgebracht haben würde. Nicht, als ob sie es mir, im eigentlichen Sinne *sagte* [...]. Auch nicht, als ob sie mich durch geschickte Fragen auf den Punkt hinführte, auf welchen es ankommt, wenn schon dies letztere häufig der Fall sein mag. Aber weil ich doch irgend eine dunkle Vorstellung habe, die mit dem, was ich suche, von fern in einiger Verbindung steht, so prägt, wenn ich nur dreist damit den Anfang mache, das Gemüt, während die Rede fortschreitet, in der Notwendigkeit, dem Anfang nun auch ein Ende zu finden, jene verworrene Vorstellung zur völligen Deutlichkeit aus, dergestalt, daß die Erkenntnis, zu meinem Erstaunen, mit der Periode fertig ist. [...] Es liegt ein sonderbarer Quell der Begeisterung für denjenigen, der spricht, in einem menschlichen Antlitz, das ihm gegenübersteht; und ein Blick, der uns einen halbausgedrückten Gedanken schon als begriffen ankündigt, schenkt uns oft den Ausdruck für die ganze andere Hälfte desselben.«[26]

Das sind unübertroffene Worte für das Hochkulturstadium eines Vorgangs, der am Beginn des Christentums viel primitiver abgelaufen ist. Indem man eine innere Kehrtwende, von der man so auf-

<hr>

26 Heinrich von Kleist, *Über die allmähliche Verfertigung der Gedanken beim Reden*, in: derselbe, Sämtliche Werke und Briefe, Bd. III, Hanser, München 1982, S. 319 f.

und umgewühlt ist, daß man keine Worte dafür hat, Außenstehenden, denen diese Wende völlig fremd ist, mitteilt, findet man überhaupt erst die Worte, die sie einem selbst faßbar machen. Worte geben Fassungslosen die Fassung wieder, und die hatten die Apostel dringend nötig, als es sie hinaustrieb unter die Fremden, um ihnen mitzuteilen, was sie zuinnerst bewegte. Dabei gelangten sie allmählich von ekstatischem Gestammel zu geordneten Worten. Das ist der prosaische historische Kern jenes »Sprachwunders«, das in der Pfingstgeschichte seine legendarische Ausgestaltung gefunden hat. »Sie fingen an, in anderen Sprachen zu reden«, und »jeder hörte sie in seinem eigenen Dialekt reden. Es erstaunten aber alle, verwunderten sich und sagten: Siehe, sind nicht all diese, die reden, Galiläer?« »Römer, Juden und Proselyten, Kreter und Araber, wir hören sie in unseren Sprachen von den großen Taten Gottes reden. Sie erstaunten aber alle und waren ratlos und sagten einer zum andern: Was will das sein? Andere aber spotteten und sagten: Sie sind voll süßen Weins.« (Apg 2, 4 ff.)

Sobald sich die Apostel aber an Außenstehende wandten, trat eine folgenreiche Differenz ins Christentum. Die authentische Kehrtwende hatten nur Menschen vollziehen können, die zuvor als Jünger mit Jesus gezogen waren. Psychologisch gesprochen: Nur Leuten, die ein ganz persönliches Jesus-Trauma zu verarbeiten hatten, konnte die ungeheure Umkehrungsleistung gelingen, den untoten Jesus als Auferstandenen zu »sehen«. Nur sie waren authentische »Zeugen der Auferstehung« (Apg 1, 22), oder, was in der urchristlichen Fachterminologie auf dasselbe hinausläuft, »Apostel«. Die von ihnen Bekehrten hingegen mußten an keinem Jesus-Trauma mehr laborieren, sondern lediglich in die Fußstapfen derer treten, die es durchgemacht hatten. Das war ungleich komfortabler, aber auch weniger authentisch. Bekehrung ist Kehrtwende zweiten Grades – nicht mehr unmittelbar durch »Sehen«, sondern nur noch durch Hören dessen, was andere behaupten, gesehen zu haben. Das war nicht mehr dieselbe Erfahrung, aber sie sollte dasselbe Resultat haben. Die Bekehrten sollten genauso der Rettung teilhaftig werden wie die Apostel. Genauso? Ja, das sagte die Botschaft. Aber sie tat etwas anderes. Mit jeder erfolgreichen Bekehrung markierte sie erneut den Erfahrungsunterschied zwischen denen, die das »Sehen« des Auferstandenen nur vom Hörensagen kannten und denen, die es persönlich erlebt hatten. Und dieser Unterschied mußte sich niederschlagen. Die neu Hinzukommenden mußten für das unglaubliche Privileg, um das Jesus-Trauma herumgekommen zu sein und trotzdem zu den Rettungskandidaten zu gehören, einen Tribut entrichten. Aber welchen?

Da kam nun etwas ins Spiel, was wiederum die Jesus-Jünger nur vom Hörensagen kannten, aber großen Eindruck auf sie gemacht hatte. Ihr Meister war einst Jünger eines Täufers gewesen. Er hatte ihnen davon erzählt, zwar nicht alles, aber genug, um ihnen die hohe Autorität spürbar zu machen, die dieser Täufer für Jesus zeitlebens behalten hatte. Jesus hatte seine Jünger zwar nicht getauft, und womöglich haben sie nie voll begriffen, warum. Aber sie wußten: Seine eigene Taufe hatte er derart als reinigende Kraft erlebt, daß er nicht aufhörte, sich als Schuldner des Täufers zu fühlen.[27] Daran knüpften sie nun an. Die neu Hinzukommenden einem Reinigungsritus unterziehen und sie zu ihren Schuldnern machen: Das war das Verfahren, mit dem die ehemaligen Jünger ihren Sonderstatus als »Zeugen der Auferstehung« markieren konnten. Natürlich haben sie es nicht, wie die Apostelgeschichte suggeriert, vom ersten Tag ihres Auftretens an praktiziert, als hätte es sich von selbst verstanden, andere zu taufen (Apg 2, 38 ff.). Erst als sie schon Außenstehende integriert hatten, entstand das Problem, sich signifikant von ihnen zu unterscheiden. Die ominösen »mehr als fünfhundert Brüder«, die Christus »auf einmal gesehen« haben sollen, ohne dadurch automatisch zu Aposteln zu werden, dürften für jenen ersten Schub von Fremden stehen, den die Apostel bei ihrem »pfingstlichen« Auftreten bekehrt und spontan in ihren Kreis hereingelassen hatten, ohne an Taufe auch nur zu denken. Bald jedoch

27 Ausführlich zu Johannes dem Täufer und Jesus siehe unten, S. 88 ff.

39

mußten sie daran denken, und nun galt: Ungetauft sind allein die Apostel, denn sie haben den Auferstandenen »gesehen«. Wer hingegen nur die Botschaft dieses Sehens empfangen hat, muß getauft werden, und die Täufer konnten anfangs nur die Apostel selbst sein. Die Taufe war eine Unterordnung unter *sie*, ein ritueller Nachvollzug jenes Selbstexorzismus, den sie durchlitten hatten, durch einen symbolischen Exorzismus, eine Reinigung, zu der sie die Täuflinge eigenhändig untertauchten – buchstäblich herunterdrückten.

»Für unsere Sünden«

Das »Sehen« der Apostel war gewissermaßen noch präevangelisch. Erst mit der »allmählichen Verfertigung von Gedanken«, will sagen, der Umsetzung des Gesehenen in Worte, nahm das Evangelium seinen Lauf. Sein Urwort ist »auferstanden«. Es gab der unfaßbaren Kehrtwende einen ersten faßbaren, wiederholbaren, kommunizierbaren Ausdruck, und der wiederum war die Plattform, von der aus die Kehrtwende zu einer zweiten Runde starten konnte. Wenn sich der untote Jesus in einen rettenden Auferstandenen wenden ließ, warum dann nicht auch sein Tod in ein Heilsereignis? In Gestalt dieses Gedankens begann sich die Kehrtwende gleichsam rückwärts zu tasten, sich rückzuversichern, oder, anders gesagt, sich selbst auszulegen. Zunächst waren die Betroffenen vom »Sehen« des Auferstandenen viel zu aufgewühlt, um ermessen zu können, was sich da eigentlich in ihnen vollzog: eine überschwengliche Flucht nach vorn, um über einen schuldbeladenen inneren Zusammenbruch hinwegzukommen. Erst in der zweiten Runde dämmerte die Erklärung dafür. Der Auferstandene ist zuvor »gestorben für unsere Sünden«. Auch hier ist die Kehrtwende zugleich eine Überhöhung. »Unsere« Sünden sind jetzt nicht mehr nur die ganz konkreten Verfehlungen abtrünniger Jünger; es sind ebenso die Sünden der neu Hinzugekommenen. Sünde ist nunmehr die menschliche Allgemeinbefindlichkeit, von der Jesu Tod errettet haben soll. Das ist auch insofern eine grandiose Verallgemeinerung, als dieser Tod sich nun wie von selbst in ein Vorstellungsmuster einfügt, das allen alten Völkern vertraut war, weil es zum ältesten menschlichen Gemeingut gehört: das Opfer. Es gab keine Verständnisbarrieren gegenüber dem »gestorben für unsere Sünden«. Jeder konnte sich angesprochen fühlen: »auch für meine Sünden«. Und jeder würde schon wissen, worin sie bestanden.

Ob schon die Jerusalemer Apostel auf das »gestorben für unsere Sünden« verfielen, ist schwer zu sagen. Strengen Juden war diese Formel eigentlich verboten. Im mosaischen Gesetz stand: »Die Väter sollen nicht für die Kinder noch die Kinder für die Väter sterben, sondern ein jeder soll für seine Sünde sterben.« (Dtn 24,16) Andrerseits drängte sich den Hinterbliebenen Jesu dieser verbotene Gedanke geradezu auf. Er machte ihnen wie nichts sonst das geradezu balsamische Schuldentlastungsgefühl verständlich, das ihnen die Erhöhung Jesu zum Auferstandenen verschafft hatte. Es wird also nicht lange gedauert haben, bis das »gestorben für unsere Sünden« in der Gemeinde zirkulierte. Spätestens mit dem Eintritt hellenistisch geprägter Juden, die es im Schmelztiegel Jerusalem reichlich gab und in deren kulturellem Umfeld das Sterben eines Menschen für andere weit weniger tabuisiert war, dürfte diese Formel zu einem Grundpfeiler urchristlicher Selbstverständigung avanciert sein. Damit war der Tod Jesu nicht nur als Opfer eines Menschen, sondern als Opfer für die Menschheit ausgelegt. Dessen Wirkung konnte nicht auf Juden beschränkt bleiben. Alle Völker mußten daran teilhaben können. Das unbestimmt-allgemeine »für unsere Sünden« hatte bereits die Tür zur Heidenmission geöffnet. Paulus stieß sie nur systematisch auf, als er den ungeheuren Vorsatz faßte, das Evangelium durch Kleinasien und Griechenland bis nach Rom und Spanien zu tragen. Allerdings gab auch er es nie wie Freibier aus. Immer war Eintritt zu zahlen. Wie die Apostel die entscheidende Befreiung von ihrer persönlichen Schuld erst dadurch verspürten, daß sie ihren Herrn als auferstandenen Christus »sahen«, so war auch für alle andern die rettende Wirkung seines Todes an die Bedingung geknüpft, daß sie diese »Sicht« zu der ihren machten.

Das konnten sie freilich nur mittelbar. Statt Sehen war ihnen nur Hören und Untertauchen beschieden. Und das Wort von dieser Sicht, das Evangelium, mochte noch so sehr als Frohbotschaft daherkommen, es war immer auch Drohbotschaft. Der Subtext der Rettung, die es allen versprach, die es annahmen, war stets: Wer es nicht annimmt, ist verloren.

Paulus reiht in seiner eisernen Ration des Evangeliums die drei entscheidenden Heilsereignisse chronologisch auf: zuerst »gestorben für unsere Sünden«, dann »auferstanden«, dann »gesehen«. Lesen muß man diese Chronologie freilich in umgekehrter Richtung. Zuerst wurde der untote Jesus gesehen, dann als auferstanden interpretiert, und dann erst wurde sein Tod zum Menschheitsopfer stilisiert. Und erst als die »unfaßbare Kehrtwende« bis zu diesem Gedanken gediehen war und sich damit eine allgemein nachvollziehbare Auslegung gegeben hatte, verfügten Petrus, »die Zwölf« und sonstige Hinterbliebene über die Matrix, die ihren aufgewühlten Gefühlen einen inneren Halt und ihren unbewältigten Erinnerungstrümmern an die Worte und Taten Jesu den Rahmen bot, worin sie sich sammeln, ordnen und allmählich zu einem auferstehungskonformen Erinnerungsbild zusammensetzen ließen. Relevantes zu diesem Bild beisteuern konnte nur, wer Jesus gekannt hatte, und wer sollte das sein, wenn nicht diejenigen, die er seit seinem Auftreten in Galiläa um sich geschart hatte? Allerdings gab es da bald eine Ausnahme. Es war jemand zur frühsten Gemeinde hinzugekommen, der kein Jünger war und Jesus dennoch aus nächster Nähe kannte: sein leiblicher (Halb?)-Bruder Jakobus. Ob auch er ein Jesus-Trauma hatte, eine Schuld abzutragen, ein Zerwürfnis zu überwinden? Einiges spricht dafür,[28] aber sicher ist es nicht. Er kann ebensogut ein tief Ergriffener wie Petrus gewesen sein als auch ein Wichtigtuer, der auf den Kredit seiner Verwandtschaft mit Jesus Anerkennung suchte und fand. Jedenfalls erachteten die Jünger ihn als einen ebenso authentischen Hinterbliebenen wie sich selbst und

28 Siehe unten, S. 87 f.

nahmen ihn als ihresgleichen auf: als einen, der ihren Herrn vielleicht anders, aber nicht minder als sie »gesehen« hatte; kurzum, als Apostel. Schwer vorstellbar, daß sie ihn zuvor untertauchten wie einen normalen Bekehrten. Er dürfte ungetauft, als »Zeuge der Auferstehung«, in die Gemeinde eingetreten sein.

Paulus

Und dann gab es da noch jemanden. Er hatte mit Jesus weder Verwandtschaft noch irgendeine Bekanntschaft. Er war frühestens zwei bis drei Jahre nach Jesu Tod in die Gemeinde eingetreten, als sie sich schon ein Stück weit in Samarien und Syrien verbreitet hatte. Zuvor hatte er ihre Anhänger in Damaskus verfolgt, ausgestattet mit einer amtlichen Legitimation oder gar einem behördlichen Auftrag, sie festzunehmen und auszuliefern.[29] Als er es sich schließlich anders überlegte und sich ausgerechnet zu der von ihm selbst verfolgten Gemeinde bekehrte, hatte er allen Anlaß, sich taufen zu lassen, wie es die Apostelgeschichte, die sonst stark an der Beschönigung seines Erinnerungsbildes gearbeitet hat, denn auch brav berichtet (Apg 9, 18). Und dennoch trat er, ohne von den Jerusalemer Aposteln irgend autorisiert zu sein, mit dem Anspruch auf, ein Apostel zu sein wie sie. Wir Heutigen haben längst das Gehör für die Anmaßung verloren, die in der Selbstbezeichnung »Apostel Paulus« steckte. Was war das für ein Mann, der diesen Titel führte? Offenbar ein sehr entschlossener. Was er tat, tat er ganz. Ebenso entschieden, wie er alsbald die Christusbotschaft verbreiten sollte, war er zunächst gegen sie gewesen. Aber viel wissen wir über sein vorchristliches Leben nicht. »Beschnitten am achten Tage, aus dem Volk Israel, dem Stamm Benjamin, ein Hebräer von Hebräern, ein Pharisäer nach dem Gesetz, voll Eifer (*zelos*) die Gemeinde verfolgend, in der im Gesetz verlangten Gerechtigkeit untadelig geworden« (Phil 3, 5

29 Wenn auch wahrscheinlich nicht, wie Apg 9, 2 behauptet, von der Jerusalemer Tempelbehörde. Bis nach Damaskus reichten deren Befugnisse wohl nicht.

f.). Das ist sein von ihm selbst verfaßter Steckbrief, von dem er an anderer Stelle einen noch etwas schärfer akzentuierten Ausschnitt gibt: »Ihr habt ja von meinem ehemaligen Wandel im Judentum gehört, daß ich die Gemeinde Gottes über die Maßen verfolgte und sie zerstörte, und im Judentum weiter ging als viele Altersgenossen in meinem Volk, indem ich in besonders hohem Maße ein Eiferer (*zelotes*) für die väterlichen Überlieferungen war.« (Gal 1, 14 f.)

Was läßt sich dieser kargen Selbstbeschreibung entnehmen? Zwei Worte stechen hervor. Das eine ist »Pharisäer« – im christlichen Kulturkreis nur noch ein Schimpfwort für selbstgerechte Heuchler. Wörtlich bedeutet es ganz etwas anderes: »die Abgesonderten«. So nannte sich eine Gruppe gesetzesstrenger jüdischer Laien. Nicht daß sie allesamt Schriftgelehrte waren, aber doch in hohem Maße gesetzeskundig. Absondern wollten sie sich nicht nur von den Heiden, sondern auch von all jenen Juden, die unter dem Eindruck der Römerherrschaft Konzessionen in der Gesetzesbefolgung machten. War das Gesetz nicht das einzige, woran das politisch desolate, gedemütigte, vom Imperium Romanum perspektivlos unterjochte jüdische Volk noch Halt finden konnte? Ging es ihm nicht deshalb so schlecht, weil seine alltägliche Lebensführung viel zu wenig vom Gesetz bestimmt war? »Ziel der Pharisäer war Heiligung des Alltags durch Übernahme der Lebensweise, der ein Priester im Tempeldienst unterworfen war.«[30] Dazu war sowohl Gesetzesstrenge erforderlich als auch ein Transfer. Vorschriften, die dem Wortlaut nach Priester und rituelle Handlungen betrafen, mußten so in den profanen Alltag übersetzt werden, in Reinheitsvorschriften, in Anweisungen zu Wohltätigkeit, Beten und Fasten, daß auch Laien sie befolgen konnten. Und solche »Laisierung« war nur möglich, wenn sich die Gesetzesauslegung einige Freiheiten nahm. Die Pharisäer bewegten sich somit zwischen zwei Polen: einerseits freiheitlicher Exegese, die dem Gesetz ein neues Anwendungsfeld

---

30 Gerd Lüdemann, *Paulus, der Gründer des Christentums*, zu Klampen, Lüneburg 2001, S. 99

erschloß; andrerseits strenger Bindung an den Jerusalemer Tempel. Er war die Heimstatt des Gesetzes, sowohl der Ort, wo das römische Joch am drückendsten spürbar war, als auch derjenige, an dem das Reich Gottes beginnen würde – sei es, daß die göttliche Majestät sich selbst offenbaren oder ihren Getreuen, die bis zuletzt am Gesetz festhielten, einen Retter schicken würde: den »Gesalbten« (Messias). Nur im Kraftfeld des Tempels und auf den Kredit der Rettung, deren Schauplatz er sein würde, konnte die pharisäische Lebensweise ihre Eigenwilligkeit entfalten.

Paulus muß tatsächlich ein Musterpharisäer gewesen sein. Eigenwillige Gesetzesauslegung und Jerusalem-Bezug ist er auch als Christ nicht losgeworden. Aber ein Musterpharisäer macht noch keinen Heidenapostel. Da mußte noch etwas hinzukommen: Eifer (*zelos*). Das ist das zweite Stichwort. »Mit Eifer«, oder wie er an der andern Stelle sagt, »im Übermaß« hat er die christliche Gemeinde verfolgt: als »übermäßiger Eiferer für die väterlichen Überlieferungen«. Ob das auch heißen soll, daß er ein Hitzkopf war und zum Jähzorn neigte, steht dahin. Gewiß aber war er mit den »väterlichen Überlieferungen«, will sagen, mit dem Gesetz und seiner pharisäischen Auslegungstradition, extrem identifiziert; mehr als gewöhnliche Pharisäer ohnehin schon. Er »ging im Judentum über sie hinaus« und legte Wert darauf, sie zu übertreffen. In Worten Gerd Lüdemanns: »Ein Mensch wie Paulus mußte immer die Nummer 1 sein.«[31] Doch Begriffe wie Ehrgeiz, Geltungsbedürfnis oder Extremismus reichen an das Spezifische jener inneren Notlage, die Paulus seine singuläre Kehrtwende zum Christentum vollziehen ließ, nicht heran.

Sich mit etwas identifizieren heißt es nötig haben. Warum aber hatte Paulus das Gesetz nötiger als andere? Das eine Motiv deutet er selbst an. Es »wurde mir ein Stachel für das Fleisch gegeben, ein Engel Satans, daß er mich mit Fäusten schlage, damit ich mich nicht überhebe« (2Kor 12, 7). Ein »Stachel für das Fleisch«? Offenkundig

---

31 L. c., S. 173

ist das eine Metapher für Anfälle. Ob sie epileptisch waren, wie vielfach vermutet wurde, ob lediglich epilepsieähnlich, ob und in welchem Maße mit Halluzinationen verbunden – das alles ist unklar, sicher nur, daß Paulus furchtbar unter ihnen litt; daß sie auch mit seiner Bekehrung zu Christus nicht aufhörten, wie er es sich sehnlich (»dreimal«) gewünscht hatte; daß er sie sich als Züchtigung und Vorbeugung gegen »Selbstüberhebung« deutete; und daß er, wenn sie ihn heimsuchten, nicht mehr klaren Bewußtseins war. Letzteres erhellt daraus, daß er punktgenau dort auf den »Stachel« zu sprechen kommt, wo sein Thema scheinbar ein ganz anderes ist: ein »Übermaß an Offenbarungen« (2Kor 12, 7).

Aus der christlichen Gemeinde in Korinth, wo Ekstasen, Visionen und Offenbarungen wie Falschgeld umgingen, war Paulus vorgehalten worden, daß es mit seinen eigenen höheren Erlebnissen nicht weit her sei. Damit war sein Apostelstatus in Frage gestellt; denn nur wer sich glaubwürdig rühmen konnte, Christus »gesehen« zu haben, konnte Apostel sein. Paulus' Antwort: »Rühmen ist notwendig; zwar nützt es nichts, aber ich will auf Erscheinungen und Offenbarungen des Herrn kommen. Ich weiß von einem Menschen in Christus, daß er vor vierzehn Jahren – ob im Leib, weiß ich nicht, oder außerhalb des Leibes, weiß ich nicht; Gott weiß es –, daß dieser bis in den dritten Himmel entrückt wurde. Und ich weiß von dem betreffenden Menschen – ob im Leib oder außerhalb des Leibes, weiß ich nicht; Gott weiß es –, daß er in das Paradies entrückt wurde und unaussprechliche Worte hörte, die auszusprechen einem Menschen nicht zusteht.« (2Kor 12, 1 ff.) Besagter Mensch ist natürlich Paulus selbst – der Paulus, der gelegentlich nicht bei sich ist: »entrückt«. In diesem besonderen Fall hat er die Entrückung als beseligende göttliche Offenbarung erlebt. Aber »rühmen« will er sich ihrer besser nicht; sie ist ihm nicht geheuer. Denn »entrückt« werden bedeutet für ihn gewöhnlich, daß er einen Anfall erleidet, eine Überwältigung seines wachen Bewußtseins und Willens durch die Macht des »Fleisches«, gegen die er nichts machen kann, und die er sowohl als sündhafte Selbstüberhebung wie als furchtbare

Strafe erlebt. Die paradiesische Entrückung, die Paulus in 2Kor 12 ausplaudert, liegt für ihn nur ein haarbreit neben jenen »Entrückungen«, die ihn »mit Fäusten schlagen«, also so hart am Rande der Selbstüberhebung, daß er sie gar nicht als beseligend zu genießen wagt. Er vermag sie nicht einmal zu thematisieren, ohne sogleich den »Stachel« zu assoziieren, der in ihm sitzt. Er laboriert genau an jener Grenzerfahrung, der erst Rilke geflügelte Worte verliehen hat: »Denn das Schöne ist nichts als des Schrecklichen Anfang, den wir noch grade ertragen«.[32]

Paulus hatte es schwer, sich zu ertragen. Seine Geschichte war die »eines sehr gequälten, sehr bemitleidenswerthen, sehr unangenehmen und sich selber unangenehmen Menschen«, wie Nietzsche mit Scharfblick bemerkt.[33] Das Gesetz war ihm als ein Korsett, das ihn innerlich zusammenhielt, wenn An- und Ausfälle ihn zu dissoziieren drohten, ein geradezu physisches Bedürfnis, um so mehr, als er jeden erneuten Stich des »Stachels« ebenso als sündhaftes fleischliches Aufbegehren gegen das Gesetz wie als dessen Zuchtrute erlebte. Was sich in ihm so heftig gegen das Gesetz sträubte, gerade das trieb ihn zu unbändigem »Eifer« für das Gesetz. So feiert hier das archaische »Vor dem mir graut, zu dem michs drängt« auf dem Niveau jüdischer Gesetzesstrenge seine kultivierte Wiederkehr.

Aber Paulus hatte nicht nur an seiner physischen Konstitution schwer zu tragen. Da war noch etwas, worüber er in keinem seiner erhaltenen Briefe spricht: Er war römischer Bürger. Wir wissen das nur aus der Apostelgeschichte. Sie hatte keinerlei Anlaß, das zu erfinden,[34] genausowenig wie die Angabe seiner Heimatstadt: Tarsus in Kilikien. Beides gehört vielmehr zusammen. Strabo schreibt im ersten vorchristlichen Jahrhundert über Tarsus: »Bei seinen Bewohnern herrscht so großer Eifer für Philosophie und alle

32 Rainer Maria Rilke, *Duineser Elegien*, Reclam, Stuttgart 1997, S. 7
33 Friedrich Nietzsche, *Morgenröthe*, I, § 68, KSA, Bd. 3, S. 65
34 Der Verdacht, sie habe ihm römisches Bürgerrecht angedichtet, weil sie generell gut auf Römer zu sprechen war, kehrt den wahren Sachverhalt um. Weil Paulus Römer war, kommen die Römer gut weg – im Gegensatz zu den Juden.

Zweige der allgemeinen Bildung, daß die Stadt sowohl Athen wie Alexandria und jede andere Stadt übertrifft, in der philosophische Schulen und Studien bestehen. Bedeutungsvoll ist, daß in Tarsus die Lernbegierigen alle Einheimische sind, Fremde sich dort nicht leicht niederlassen; vielmehr bleiben auch jene (die Einheimischen) nicht am Ort, sondern gehen zur Vollendung ihrer Ausbildung anderswo hin, und wenn sie zum Abschluß gekommen sind, leben sie gern in der Fremde, nur wenige kehren wieder zurück.«[35] Wie zum Beispiel Paulus, den es nach Jerusalem zog, ohne daß er je wieder nach Tarsus zurückwollte.

Auch sonst liest sich dieser Abschnitt wie eine Voraussage auf Paulus. »Lernbegierige« Juden konnten in Tarsus schlecht unbehelligt von den »philosophischen Schulen und Studien« bleiben. Und siehe da, in Paulus' Briefen finden sich unverkennbare Niederschläge stoischen Gedankenguts, sei es, daß er sie direkt aus seiner Lehrzeit in der Synagoge oder aus andern Kreisen der Stadt hatte. In diesem Umfeld wird es auch nichts Besonderes gewesen sein, wenn gelegentlich Juden römische Bürger wurden, denn schon »die rechtsgültige Freilassung eines Sklaven durch einen römischen Bürger verschaffte diesem ohne staatliche Genehmigung unverzüglich das Bürgerrecht«.[36] Gut möglich, aber keineswegs sicher, daß Paulus' Vater, den er nirgends erwähnt, ein solcher Freigelassener war.

Nun gab es im jüdischen Gesetz zwar kein Verbot, römische Bürgerrechte anzunehmen, wohl aber einen Konflikt, wenn man es tat, jedenfalls seit die Römer die jüdischen Stammgebiete unterworfen hatten und auch in Jerusalem, der Stadt des allerheiligsten Tempels, genauso wie überall sonst die Anerkennung des Kaisers verlangten, ja im Tempel regelmäßig ein Opfertier für ihn schlachteten. Das vertrug sich schlecht mit dem ersten Gebot: »Du sollst keine andern Götter neben mir haben.« (Ex 20, 3) Für einige gesetzesstrenge Gruppen in Judäa folgte daraus: Lieber sterben als das Kaiseropfer

35 Strabo, *Geographie* 14, 5, 13; zitiert nach Gerd Lüdemann, l. c., S. 115
36 Gerd Lüdemann, l. c., S. 129

anerkennen. Das waren die sogenannten Zeloten, die »Eiferer« für das Gesetz – von den Pharisäern nicht trennscharf zu unterscheiden, eine Art radikaler Flügel von ihnen. Wenn Paulus sich einen »Eiferer für die väterlichen Überlieferungen« nennt, so meint er damit wahrscheinlich weniger sein Temperament als seine Zugehörigkeit zu einer Gruppe von »Abgesonderten«, die mit niemand zu tun haben wollten, der irgend Anstalten machte, durch ein Götzenopfer gegen das erste Gebot zu verstoßen.

Es ist zwar nicht mehr rekonstruierbar, ob Paulus nach Jerusalem zu den Pharisäern ging, um aus dem Konflikt zwischen römischem und jüdischem Gesetz herauszukommen, oder ob er sich, frei nach Strabo, »zur Vollendung seiner Ausbildung« nach Jerusalem begab, dort an die Pharisäer geriet und durch sie den Konflikt überhaupt erst voll zu spüren bekam. So oder so aber waren pharisäischer Eifer für das Gesetz und römisches Bürgerrecht unvereinbar. Das Kaiseropfer kam für einen Pharisäer ohnehin nicht in Frage. Aber sich die Privilegien des römischen Bürgerrechts hübsch gefallen lassen und nichts dafür geben, war auch nicht in Ordnung. Das wußte Paulus und ließ es dennoch dabei. Das römische Bürgerrecht war auf seine Weise eben auch eine »väterliche Überlieferung«. Er war »darin geboren« (Apg 22, 28). Nun läßt sich leicht erraten, warum er es nicht einmal in seinem »Steckbrief« erwähnt: Es war ihm peinlich. Er hat es verschwiegen, seinen pharisäischen Genossen nicht minder als später seinen christlichen. Erst als ihm die Auspeitschung drohte, rückte er damit heraus. Das war unheroisch, aber sehr menschlich, weshalb der Apostelgeschichte, die sonst einigermaßen hemmungslos beschönigt, aufbauscht und erfindet, an dieser Stelle (Apg 22, 23 ff.) durchaus zu trauen ist. Und so kristallisiert sich ein zweites entscheidendes Motiv dafür heraus, daß Paulus »im Judentum über seine Altersgenossen hinausging«: Überassimilation. Unter (über)assimilierten Juden versteht man seit dem 19. Jahrhundert diejenigen, die ihrem Kult und Gesetz abschwören und sich ihren Wirtsvölkern übereifrig angleichen. Bei Paulus war es gerade umgekehrt. Als gebürtiger Jude mußte er sich dem jüdischen Gesetz hundertfünfzigprozentig assimilieren, um den faulen Kompromiß mit dem römischen Recht, den er still mit sich herumschleppte, bis zur Unkenntlichkeit zu übertönen.

Übermäßiger Eifer fürs Gesetz, angetrieben durch einen »Stachel« im Fleisch wie einen stillen Pakt mit der heidnischen Besatzungsmacht: das war die brisante emotionale Gemengelage, in der dem Pharisäer Paulus etwas Merkwürdiges widerfuhr. Juden seiner Umgebung verkündeten öffentlich, jener Retter, den das jüdische Volk zu ersehnen so viel Anlaß hatte, sei schon gekommen, und zwar in Gestalt eines gewissen Jesus, der vor kurzem in Jerusalem gekreuzigt worden sei. Es muß ungefähr zwei Jahre her gewesen sein, als Paulus davon erfuhr. Wie? Der Messias ein Gekreuzigter? Also ein Verfluchter, Geschändeter, Gesetzloser? Wie konnten Juden das Gesetz so schmähen? Das gab Paulus einen tiefen Stich. Er wußte ihn nicht anders loszuwerden, als daß er die Verkünder dieser Ungeheuerlichkeit im Namen des Gesetzes zu verfolgen begann. Wie weit auf eigene Faust oder in behördlichem Auftrag, ist schwer zu sagen; zumindest muß er mit Billigung jüdischer Autoritäten gehandelt haben, als er es sich zur Aufgabe machte, die Angehörigen der Jesus-Sekte zu fassen und der jüdischen Gerichtsbarkeit zu übergeben.

Dazu wird er ohne Schergen schwerlich imstande gewesen sein. Und diejenigen, die er zu fassen bekam, wird er nicht abgeliefert haben, ohne sie zuvor zu verhören. Unter dem Eindruck dessen aber, was sie ihm erzählten, ging der Stich, den ihm ihre Botschaft versetzte, nur noch tiefer, drang bis ins Zentrum seiner Gesetzestreue vor und bescherte ihm eine furchtbare Ahnung. Lagen diejenigen, die vom gekreuzigten Messias erzählten, vielleicht gar nicht so falsch? Brachte ihn denn der Gesetzeseifer, mit dem er sie verfolgte, ins Reine mit sich? Davon konnte nicht die Rede sein. Das, was ihn zu so übermäßigem Gesetzeseifer trieb, nämlich seine widerborstige, anfallsgeschüttelte Natur und seine römische Schuld, war durch Gesetzeseifer nicht aus der Welt zu schaffen. Im Gegenteil. Je heftiger sein Gesetzeseifer – der in der Verfolgung der Christen sein Maximum erreichte –, desto gnadenloser bewies ihm das Gesetz, daß er ihm nicht genügte. Seine Anfälle und Ausfälle hörten nicht auf; sein verstohlener Pakt mit der heidnischen Welt, von der er sich als Pharisäer abzusondern trachtete, nagte weiterhin; der Konflikt zwischen der römischen und der jüdischen Seite der »väterlichen Überlieferungen« war schlechterdings nicht zu lösen. Kaum jemand dürfte die Logik der verinnerlichten väterlichen Autorität – man darf durchaus mit Freud sagen: die Logik des Über-Ich – so extrem erlitten haben wie Paulus, und vielleicht hat niemand sie folgenreicher durchgemacht als er. Denn in dem Maße, wie er den Eifer für die »väterlichen Überlieferungen«, oder, psychologisch gesprochen, ihre libidinöse Besetzung, als ausweglos erkannte, als etwas, was das Schuldgefühl ihnen gegenüber verschärfte statt minderte, da dämmerte ihm ein ungeheurer Gedanke. Wie, wenn sein vergeblicher Gesetzeseifer nicht nur sein persönliches Ungenügen war, sondern auch ein Ungenügen des Gesetzes selbst? Und indem dieser Gedanke so mächtig wurde, daß Paulus nicht mehr umhin konnte, ihn sich einzugestehen, begann seine spezifische Kehrtwende. Die Botschaft vom gekreuzigten Messias, die er bisher nur als äußerste Anfechtung seines Gesetzeseifers hatte wahrnehmen können, eröffnete sich unversehens als Ausweg. Sie begann ihm zuzuraunen: Das Gesetz ist nicht die Rettung. Und als er für diesen Subtext des Evangeliums empfänglich wurde, war er reif, den gekreuzigten Christus selber zu »sehen«. Es mußte nun nur noch ein entsprechend heftiger Anfall kommen, den er so erleben konnte, als habe Christus selbst ihn darin überwältigt. Und dieser Anfall blieb nicht aus. Man nennt ihn das Damaskus-Erlebnis des Paulus.

Von Damaskus zum Kaiser

Merkwürdig, daß der, der sich nicht scheute, den Korinthern von seiner Entrückung ins Paradies zu erzählen, tunlichst verschwieg, wie das war, als er »Christus gesehen« hatte. Vielleicht, weil es da gar nichts zu sehen gab? Selbst die Apostelgeschichte, die von dieser Begebenheit nur aus zweiter oder dritter Hand berichtet und sonst im beschönigenden Übertreiben wahrlich nicht faul ist, sagt lediglich: »Während er aber dahinzog, geschah es, daß er in die Nähe von Damaskus kam, und plötzlich umstrahlte ihn ein Licht vom Himmel her, und er stürzte zu Boden und hörte eine Stimme, die zu ihm sprach: Saul, Saul, warum verfolgst du mich? Da fragte er: Wer bist du, Herr? Der aber: Ich bin Jesus, den du verfolgst. Doch steh auf und geh hinein in die Stadt, und es wird dir gesagt werden, was du tun sollst. Die Männer aber, die mit ihm reisten, standen sprachlos da, weil sie zwar die Stimme hörten, aber niemand sahen. Da stand Paulus vom Boden auf; obgleich jedoch seine Augen geöffnet waren, sah er nichts.« (Apg 9, 3 ff.)

»Christus gesehen« hat Paulus offenbar so, wie man »Sterne sieht« – etwa nach einem Faustschlag. Laut Apostelgeschichte hatte seine Vision sogar nur eine Tonspur: eine anklagende Stimme. Sie wurde für ihn an jenem Wendepunkt »hörbar«, wo sein Gesetzeseifer im Begriff stand, in einen unbändigen Eifer für den gekreuzigten Messias umzuschlagen. Mit seiner Kehrtwende hat Paulus ja nicht aufgehört, ein Eiferer zu sein. Für die Mission, die er nun beginnt, ist das Wort »Eifer« eher eine Untertreibung. Rund 25 Jahre wird er als Apostel unterwegs sein, aber fast 15 Jahre brauchen, um seine eigene Stellung so zu festigen, daß er, wie Ernst Käsemann sagt, »auf sich allein gestellt, seine eigenen Pläne verwirklichen kann. Dafür sind ihm also nicht mehr als knapp 10 Jahre gelassen. In dieser Periode durchquert er ganz Kleinasien und Griechenland hin und her, mit langen Aufenthalten in Ephesus und Korinth. Am Ende dieses Jahrzehnts betrachtet er seine Aufgabe im Osten für erfüllt und setzt zum Sprung in den fernen Westen Spaniens an, ohne noch dahin zu gelangen. Werden derart Zeit, Raum und Vorhaben in ein exaktes Verhältnis zueinander gebracht, kann man sich

---

37 Ernst Käsemann, *Paulus und der Frühkatholizismus*, in: derselbe, Exegetische Versuche und Besinnungen, Bd. II, l. c., S. 244

kaum dem Eindruck entziehen, daß hier ein Besessener einem Fiebertraum nachjagt.«[37]

Das ist wörtlicher zu nehmen, als von Käsemann gedacht. Gewöhnlich erklärt man sich den Missionseifer des Paulus ja damit, daß er so viele Menschen wie irgend möglich zu Christus bekehren wollte, ehe dieser selbst als Weltenherr wiederkehren und die Seinen in sein rettendes Reich führen würde. Aber die Vision vom wiederkehrenden Christus ist noch nicht der ganze Fiebertraum. Und so viele wie möglich bekehren: Dazu hätte Paulus auch in Kleinasien bleiben können. Die wenigen dort entstandenen Gemeinden waren vorerst nicht mehr als christliche Inseln in einem heidnischen Meer. Es kann keine Rede davon sein, daß er »in diesen Gebieten keinen Wirkungskreis mehr« gehabt hätte, wie er im Römerbrief behauptet (Röm 15, 23). Warum also brannte er darauf, nach Rom zu gelangen und von dort aus weiter nach Spanien (Röm 15, 24)? Weil er seine Aufgabe in den geographischen Dimensionen des römischen Reiches dachte. Jerusalem – Rom – Spanien: das sind die Koordinaten seiner Mission.

Und warum nicht etwas bescheidener? Weil die tiefsten Wünsche, oder, in Freuds Worten, die latenten Traumgedanken, diesseits aller Selbstbescheidung sind. Sie scheren sich nicht darum, ob sie auch realisierbar sind; sie drängen. Als Paulus sich vornahm, das gesamte römische Reich von der Ost- bis zur Westgrenze zu durchmessen und für Christus einzunehmen, da drängte ihn etwas derart Überdimensionales, Vermessenes, daß er gar keinen Anlaß hatte, es anderen freimütig mitzuteilen. Womöglich wagte er es nicht einmal sich selbst voll einzugestehen. Nur das scheinbar beiläufige Stichwort »Spanien« verrät, was ihm vorschwebte: dem gekreuzigten Messias bei seiner Wiederkehr das gesamte Imperium Romanum zu Füßen zu legen. Wenn ihm das gelänge, dann hätte sein heimlich behaltenes römisches Bürgerrecht nachträglich einen höheren christologischen Sinn bekommen. Es wäre gerechtfertigt. Und dieser Rechtfertigungswunsch ist die latente treibende Kraft im Fiebertraum seiner Mission. Es hat ihn nie aufgehört zu plagen, daß er das römische Bürgerrecht angenommen, aber die Gegenleistung nicht erbracht hat: das Kaiseropfer. Und daß es für Juden, wenn sie römische Bürger wurden, durchaus die Möglichkeit gab, das Kaiseropfer zu umgehen? Genau das war für den Zeloten Paulus die krumme Tour: ein Privileg nehmen, ohne das Äquivalent dafür zu geben. Und so hört er nicht auf, sich als Schuldner des Kaisers zu fühlen, kann diese Schuld aber nicht begleichen, weil er damit die ungleich größere des Götzenopfers auf sich lüde. Eine ausweglose Verstrikkung, es sei denn – und hier hat in seinem Wunschleben ein Geistesblitz gezündet: Wie, wenn es umgekehrt funktionierte, wenn ich, statt dem Kaiser das Opfer darzubringen, das Reich dieses Kaisers dem wahren Herrn darbrächte?

So gewendet bekommt der alte Stachel der Selbstüberhebung, den Paulus so an sich haßte, das Ansehen einer zutiefst gerechtfertigten Demutshandlung. Wenn er allein um Christi willen Spanien anpeilte, so konnte er »die Nummer 1 sein«, ohne sich im geringsten überheblich finden zu müssen. Und dann fügte es sich, daß der Traum von der missionarischen Eroberung des römischen Reichs auch noch einen neuen Schub bekam – gerade in einem Augenblick großer Not, wo er eher zu zerplatzen drohte. Die Römer nehmen Paulus gefangen, ihre Schergen bereiten seine Auspeitschung vor, in seiner Angst gibt er sein Geheimnis, römischer Bürger zu sein, preis. Er wird verhört, kommt vor den Statthalter, legt ihm sein Evangelium dar. Und allmählich eröffnet sich ihm dadurch eine neue Perspektive. Muß er denn erst das ganze römische Reich durchqueren und missionieren? Kann er als römischer Gefangener nicht direkt »vor den Richtstuhl des Kaisers« (Apg 25, 10) gelangen? Er verlangt, dorthin gebracht zu werden. Sein Traum vom Christus dargebrachten römischen Reich spezifiziert sich zum Traum, vor den Kaiser zu treten und ihn mit Christi Beistand zu Christus zu bekehren. Derart den Kaiser Christus darbringen: das wäre das wahrhaft schuldlose und schuldtilgende Kaiseropfer. Das ist der latente Traumgedanke im missionarischen Fiebertraum seiner letzten Jahre. Um seinetwillen ließ sich Paulus nach Rom transportieren. Vor den Kaiser kam er nicht, hingerichtet wurde er wahrscheinlich doch, und warum die Apostelgeschichte über sein Lebensende so beharrlich schweigt, ist sehr verdächtig. Sie ist ja nicht in seinen letzten Lebenstagen aufgeschrieben worden, sondern erst zwei bis drei Jahrzehnte nach seinem Tod. Und trotzdem kein Wort darüber? Wenn einfach nur unbekannt gewesen wäre, wie er geendet war: der Autor hätte einen wunderbaren Freiraum gehabt, um das Martyrium des verehrten Paulus nach dem Muster des Todes Jesu auszugestalten und der Christenheit als leuchtendes Beispiel vorzuhalten. Irgendetwas muß geschehen sein, was ihn daran hinderte, etwas, was für Paulus nicht schmeichelhaft war. Wir wissen nicht, was. Es ist nicht durchgesickert. Erstaunlich, wie die Christenheit hier dicht gehalten hat.

Immerhin beginnt man zu erahnen, inwiefern Paulus aus seinem »Fiebertraum« für sich ganz persönlich rettende Kraft zog. Zunächst hatte ja das Bild des gekreuzigten Messias für ihn die halluzinatorische Intensität eines Alptraums. Und indem er sich im Namen des Gesetzes dagegen wehrte, gewann es nur an Zudringlichkeit. Schließlich trieb es seinen Gesetzeseifer zu jenem Höhepunkt, auf dem er gewahr wurde: Das Gesetz hört nicht nur nicht auf, mir den Fortbestand meiner impulsiven und anfallsgeschüttelten Natur anzuzeigen; es macht mich auch noch an denen schuldig, die ich in seinem Namen verfolge. Aus dieser heillos verfahrenen, als unerträglich empfundenen Situation wußte er keinen andern Ausweg mehr als ausgerechnet bei jenem Feindbild, das wie nichts zuvor seine prekäre jüdische Identität bedrohte, Zuflucht vor dieser Bedrohung zu suchen.»Vor dem mir graut, zu dem michs drängt.«Die Kehrtwende des gekreuzigten Messias vom Feind- zum Rettungsbild konnte freilich nur gelingen, indem dieses Bild mehr von Paulus verlangte als das Gesetz: seine Ausbreitung durchs ganze Imperium Romanum. Anders gesagt: Es gestattete Paulus, mehr von sich zu verlangen als das Gesetz je von ihm. Das Gesetz vollständig zu erfüllen war Paulus nach seiner Kehrtwende ebensowenig in der Lage wie vorher. Er blieb »Sünder«. Aber nun konnte er mehr tun als bloß das Gesetz erfüllen: das Bild des gekreuzigten Messias in alle Welt tragen. Jetzt war es seine Kraftquelle. Es rechtfertigte seinen Eifer, indem es ihn in doppeltem Sinne erhöhte: ihn sowohl intensivierte als auch emporhob – über das Gesetz hinaus. Das Bild des gekreuzigten Messias gewann die Leuchtkraft jener finalen Rettung, die das Gesetz nicht zu leisten vermag und dennoch erstrebt. Seine Gebote, die immer bloß gnadenlos die Sünde anzeigen, wollen eigentlich doch gerade das Gegenteil: daß die Sünde aufhört, der Zwiespalt aus der Natur verschwindet. Und so bleibt derjenige, der dies Rettungsbild in die Seelen anderer pflanzt, als fehlbarer Mensch zwar weiterhin unterhalb des Gesetzes. Zugleich aber ist er auch übers Gesetz hinaus. Er repräsentiert, was das Gesetz selber bloß will, aber nicht kann. Er trägt das Bild des gekreuzigten Messias bereits in sich. Es wirkt schon in ihm: als Bild des erfüllten Gesetzes, eines Gesetzes, das ohne jedes Verlangen, ohne jede Forderung ganz von selbst aus freien Stücken geschieht – aus Liebe.

Der Liebe hat Paulus eines der schönsten literarischen Denkmäler gesetzt. Er ist dabei buchstäblich über sich hinausgewachsen. »Wenn ich mit Menschen- und Engelszungen rede, habe aber keine Liebe, so bin ich ein tönendes Erz geworden oder eine schallende Zimbel. Und wenn ich Weissagung habe und alle Geheimnisse und alle Erkenntnis weiß und wenn ich allen Glauben habe, so daß ich Berge versetze, aber keine Liebe habe, so bin ich nichts. Und wenn ich alle meine Habe zur Speisung austeile und wenn ich meinen Leib hingebe, damit ich verbrannt werde, aber keine Liebe habe, so nützt es mir nichts. Die Liebe ist langmütig, die Liebe ist gütig; sie eifert nicht; die Liebe tut nicht groß, sie bläht sich nicht auf, sie tut nichts Unschickliches, sie sucht nicht das Ihre, sie läßt sich nicht erbittern, sie rechnet das Böse nicht zu [...]« (1Kor 13, 1–5) Die Pointe an dieser Liebe ist natürlich, daß Paulus sie *nicht* »hat«. Er trägt ihr Bild in sich, aber nicht sie selbst. Das macht seinen Liebeshymnus so anrührend. Eben noch hat er über einen Mann aus der Gemeinde zu Korinth, der »seines Vaters Frau hat« (1Kor 5, 1), das Urteil gesprochen. »Im Namen des Herrn Jesus soll der Betreffende dem

Satan übergeben werden« (V. 4 f.). Nun malt der Apostel den Korinthern das Bild einer Liebe vor Augen, nach der er sich selbst inständig sehnt. Nach nichts eifert er mehr als nach einer Liebe, die »nicht eifert«. Es gibt für Paulus nur einen, der sie »hat«, verkörpert und ausstrahlt: Christus. »So ist nun die Liebe des Gesetzes Erfüllung« (Röm 13, 10) und Christus die Personifikation des erfüllten, man könnte auch sagen, des gestillten Gesetzes. Insofern gilt: »Christus ist des Gesetzes Ende« (Röm 10, 4).

Beschneidung

Als Paulus diesen Satz an die Gemeinde zu Rom schrieb, schwang sicherlich auch mit: Christus ist das Ende des Imperium Romanum – nämlich dann, wenn er wiederkommt, um die Seinen zu holen. Bis dahin freilich bedeutet »Ende des Gesetzes« für ihn lediglich: Ende des Eifers fürs Gesetz. Aber natürlich nicht Ende des Eifers. Zu einem eiferlosen Leben war Paulus vollkommen unfähig. Es gab für ihn nur einen Weg, um von seinem heillosen Gesetzeseifer loszukommen: durch mehr Eifer und für mehr als das Gesetz. Der erhöhte Eifer erhöht rückwirkend sogar das Gesetz selbst. Nun, wo sich sein Ende gezeigt hat, wird aus ihm mehr als es je war. »Beseitigen wir also das Gesetz durch den Glauben? Keineswegs. Vielmehr richten wir das Gesetz auf.« (Röm 3, 31) Das (wieder) »aufgerichtete« Gesetz ist zwar immer noch das alte jüdische, aber nicht mehr exklusiv, nicht mehr »pharisäisch«, sondern als Repräsentant eines Allgemeineren, worunter auch das römische Recht fällt. Das jüdische Gesetz läutert sich zum »Gesetz überhaupt«. Dieser Gedanke fiel Paulus dank seiner in Tarsus erworbenen Vertrautheit mit stoischer Denkweise nicht schwer. Dennoch wird bei ihm kein stoischer Gedanke daraus, kein allgemeines Naturrecht. Das »Gesetz überhaupt« bleibt für ihn das jüdische – abzüglich einiger Beschränktheiten.

Es ist vor allem eine, mit der Paulus hadert: die Beschneidung, jener uralte Brauch, den ein kleiner Teil des späteren Volkes Israel wahrscheinlich aus Ägypten mitgebracht und in den rituellen Grundbestand des israelischen Stämmebunds eingetragen hatte. Doch erst Jahrhunderte später, als Israel ins babylonische Exil mußte, wurde die Beschneidung zum Wahrzeichen des ganzen Volkes und feierlich auf dessen Stammvater zurückgeführt. »Und Gott sprach zu Abraham: Du aber halte meinen Bund, du und deine Nachkommen […]. Das aber ist der Bund zwischen mir und euch […], den ihr halten sollt: Alles, was männlich ist unter euch, soll beschnitten werden. An der Vorhaut sollt ihr beschnitten werden. […] Am achten Tage soll alles, was männlich ist unter euch, beschnitten werden.« (Gen 17, 10 ff.) Man macht nun den Gott Israels unverwechselbar, indem man ihn buchstäblich ins männliche Geschlecht einschneidet, wobei dieser Ritus weitaus einschneidendere Vorformen gehabt haben dürfte: nicht bloß die Kastration, sondern ursprünglich die Opferung der männlichen Erstgeburt. Sie ist eine Art *Basso continuo* in der Geschichte vom Auszug aus Ägypten. »Jahwe schlug alle Erstgeburt in Ägypten« (Ex 12, 29). Nur an den Häusern Israels, in welchen ein einjähriges männliches Lamm geschlachtet worden (Ex 12, 5) und dessen Blut an Türschwelle und -pfosten gestrichen war (12, 22), ging er vorüber. »Israel ist mein erstgeborner Sohn«, hatte Jahwe zuvor durch Mose dem Pharao ausrichten lassen, »und ich befehle dir: Laß meinen Sohn ziehen, daß er mir diene. Weigerst du dich aber, ihn ziehen zu lassen, so werde ich deinen erstgebornen Sohn töten.« (Ex 4, 22 f.). Und dann folgt das dunkelste und älteste Traditionsstück, das sich im Alten Testament über die Beschneidung findet: »Unterwegs aber, am Rastplatz, trat ihm [Mose] der Herr entgegen und wollte ihn töten. Und Zippora [Moses Frau] nahm einen scharfen Stein, schnitt ihrem Sohn die Vorhaut ab, berührte damit Moses Füße und sprach: ›Ein Blutbräutigam bist du mir.‹ Da ließ er von ihm ab.« (Ex 4, 24 ff.)

Ganz aufhellen läßt sich diese Stelle nicht mehr. Aber eines ist deutlich: Wie das Passahlamm ersetzt auch die Beschneidung das Opfer der männlichen Erstgeburt. Statt des Kindes ein Lamm, statt des ganzen Kindes seine Vorhaut – die nun freilich alle männlichen Kinder hergeben müssen, nicht nur die Erstgeborenen. Den Ritus auf den »achten Tag« festzulegen, war ein pristerlicher Genie-streich. Er verwischt die Erinnerung ans Menschenopfer zugunsten einer raffinierten Identifikations- und Gewissensbildungstechnik. Die Beschneidung geschieht zu früh in der Kindheit, als daß sie je bewußt werden könnte. Um so prägender zieht sie die feine trau-matische Spur, in der die Saat Gottes aufgehen soll: das Gesetz. Es wird gleichsam in den Fußstapfen der Beschneidung eingeübt. Es muß als einschneidend erlebt werden, wenn Israel ihm und seinem Gott treu bleiben soll.[38]

Die Kehrseite davon: Solange das Gesetz als einschneidend erlebt wird, wird es als Wunde erlebt – als strikt zu erfüllen und unerfüll-bar zugleich. Und das war es, was Paulus nicht verwand. Er emp-fand die Beschneidung ebenso als Mal des Gesetzes, als Zeichen sei-ner singulären Strenge und Tiefenwirkung, wie als Makel des Geset-zes, als Zeichen seiner Beschränktheit. Ein Ritus, der ausschließlich männliche Juden zu tragenden Kräften des Gesetzes macht und nur auf die einschneidende Wirkung von Geboten setzt, beschneidet nicht nur Menschen, sondern das jüdische Gesetz selbst. Er nimmt ihm seine universale Potenz, *alle* Menschen zum Guten zu führen. Die Wiederaufrichtung des Gesetzes ist daher der Potenzgestus, mit dem Paulus die Selbstüberwindung des Judentums demonstriert. Wenn er das Gesetz statt im partikularen Zeichen der Beschneidung im universalen Zeichen des Kreuzes befolgt, spürt er es nicht länger als einschneidend, sondern als treibende Kraft auf Christus hin – »des Gesetzes Ende«.

So eröffnet sich Paulus die Menschheitsperspektive. »Da ist nicht Jude noch Grieche, da ist nicht Sklave noch Freier, da ist nicht Mann und Frau; denn ihr seid alle einer in Christus Jesus.« (Gal 3, 28). »In Christus« ist ein großes Wort. Es steht für die Versammlung, die in

38 Erhellendes zur Beschneidung als Mnemotechnik bei Franz Maciejewski, *Psy-choanalytisches Archiv und jüdisches Gedächtnis. Freud, Beschneidung und Monotheismus*, Passagen, Wien 2002

seinem Namen geschieht, den Freiraum, worin alle Schranken des Standes, der Herkunft, des Geschlechts überwunden sein sollen. »Neue Schöpfung« (2Kor 5, 17) nennt Paulus diesen Raum gelegentlich. Doch er ist auf die Zusammenkunft von ein paar Dutzend Christen und ihre gemeinsamen rituellen Handlungen beschränkt. Der Gemeinschaftsgeist, den sie dabei entwickeln, mag über ihre Zusammenkünfte hinaus in ihren Alltag ausstrahlen. Aber dessen soziale Strukturen erreicht er nicht. Nach wie vor gilt: »Das Haupt der Frau ist der Mann« (1Kor 11, 3); »Jeder bleibe in dem Stand, in dem er berufen wurde« (1Kor 7, 20), also der Unbeschnittene unbeschnitten und der Sklave Sklave. Und: »Jedermann sei der vorgesetzten Obrigkeit untertan« (Röm 13, 1). Die sozialen Grundlagen des Imperium Romanum haben für Paulus den Status von allgemeinen Lebensgrundlagen, die bis zur Wiederkehr Christi gelten. Sie sind ihm »Gesetz überhaupt«, nicht Beschränktheiten, an denen er Anstoß nähme.[39]

Nicht Sklaverei, Patriarchat und autoritärer Staat gehören abgeschafft; die Beschneidung soll aufhören. Und noch etwas, was aus ihr direkt folgt: Beschnittene pflegen mit Unbeschnittenen nicht gemeinsam zu essen. Die separate jüdische Tischgemeinschaft ist Paulus spätestens mit seiner Bekehrung unerträglich geworden: zu einem Ritus, der ihm die einschneidende, einengende Wirkung des Gesetzes geradezu klaustrophobisch spürbar machte. In dieser Gemeinschaft war er nicht mehr zu Hause. Er brauchte eine neue, in der sein jüdisches wie sein römisches Erbe gleichermaßen vor Anker gehen und beide sich mit seinem Eifer versöhnen konnten, und er fand sie – in der christlichen Tischgemeinschaft. Sie war für ihn nichts Geringeres als eine Zufluchtstätte.

---

39 Zu dieser klaren Sachlage und den bibelwissenschaftlichen Verrenkungen, ihr auszuweichen und stattdessen Menschenrechte, Demokratie oder gar Sozialismus in die Paulusbriefe hineinzulesen, cf. Christoph Türcke, *Zum ideologiekritischen Potential der Theologie*, zu Klampen, Lüneburg ³1990, S. 46 ff.

Abendmahl

Das christliche Gemeindeleben bestand zunächst in nichts anderem als einer Tischgemeinschaft. Ihre Bedeutung fürs Urchristentum ist kaum zu überschätzen. Als Paulus in sie eintrat, hatte sie allerdings schon eine signifikante Kehre durchlaufen. Ihr Anfang in Jerusalem ist ein Musterfall dessen, was die Neurobiologie »prozedurales Gedächtnis«[40] nennt. Als nämlich die verstörten Jünger Jesu sich nach seinem Tod wieder zu sammeln begannen, gedachten sie seiner zunächst durch die »Prozedur« tätiger Wiederholung. Sie veranstalteten, was einst er mit ihnen veranstaltet hatte: gemeinsame Mahlzeiten. Wann und wo das zuerst geschah, ist nicht mehr zu ermitteln. Irgend jemand muß den Jüngern ja Haus, Tisch und womöglich Lebensmittel zur Verfügung gestellt haben, waren sie doch Zugereiste in Jerusalem. Davon jedoch findet sich kein Wort in den Evangelien. Eines hingegen lassen sie durchschimmern. Jesus legte offenbar großen Wert darauf, gemeinsame Mahlzeiten zu zelebrieren, mit Brot und Wein, wie der jüdische Ritus des Gastmahls es vorsah, und so ausgiebig, daß Außenstehende ihn »Fresser und Weinsäufer« (Mt 11, 19) nannten. Auf einem bestimmten Moment muß dabei ganz besonderer Nachdruck gelegen haben: wie er das Brot brach. Nicht von ungefähr ist das ein schlechterdings symbolischer Moment. Wörtlich heißt das griechische *symbolon* »das Zusammengeworfene«. Das Zusammen»werfen«, um das es dabei geht, ist eigentlich ein Zusammen*schluß*, nämlich die alte Praktik des Bundesschlusses zwischen (zwei) Stämmen, Clans, Familien oder ihren Oberhäuptern. Wenn sie einander schwören, sich wechselseitig zu verschonen, zu helfen und Asyl zu geben, zerbrechen sie zur Bekräftigung eine Tontafel in zwei Teile. Jede Partei bekommt einen Teil. Jeder der beiden Teile ist ein Bruchstück und verweist auf den anderen. Die Bruchlinie ist der Zusammengehörigkeitsbeweis. Hält man die beiden Bruchstücke aneinander, so bekommt die Tontafel

40 Gerhard Roth, *Das Gehirn und seine Wirklichkeit*, Suhrkamp, Frankfurt am Main 1994, S. 186

die Bedeutung eines integralen Ganzen. Sie stellt ein Ganzes dar, das sie aber nicht ist, während sie vorher, ehe sie zerbrochen wurde, bloß eine gemeine Tontafel war, ohne etwas darzustellen.

Ähnliches geschieht beim Gastmahl. Es ist ein halbwegs profan gewordener Bundesschluß. Die Gäste begeben sich in die Obhut des Gastgebers wie Asylanten in die Obhut eines Tempels. Der Gastgeber ist für ihre Unversehrtheit verantwortlich, und um sie rituell zu zelebrieren, braucht er zweierlei: Brot und Wein. Die kommen schon in der Genesis vor: in jener rätselhaften Geschichte, wo Abraham sich anschickt, mit dem König von Sodom Frieden zu schließen, und, gleichsam aus dem Off, ein »Priester des höchsten Gottes« namens Melchisedek wie zur Bekräftigung des Bundes hinzutritt und Brot und Wein mitbringt (Gen 14, 18). Man muß über den symbolischen Status dieser beiden Nahrungsmittel nicht lange rätseln. Sie stehen für das Fleisch und Blut des Opfers. Einen Bund schließen hieß wörtlich »einen Bund schneiden«, und schon im Kapitel nach der Melchisedek-Episode verrät die Genesis, was damit gemeint ist. Abraham bringt seinem Gott Jahwe auf dessen Geheiß unter anderem »eine dreijährige Kuh, eine dreijährige Ziege, einen dreijährigen Widder« dar, »schnitt sie mitten entzwei und legte je einen Teil dem andern gegenüber« (Gen 15, 9 f.) – ein Ritus, der bei dem imaginären asymmetrischen Bundesschluß eines Gottes mit einem Menschen jeglichen Sinn vermissen läßt, beim wirklichen Bundesschluß zwischen zwei menschlichen Parteien aber sogleich plausibel wird. Jede Partei bekommt eine Hälfte des Opfertiers zu Darbringung und Verzehr zugeteilt, während das Blut, das beim Zerschneiden des Opfers fließt, beiden Parteien gehört. Aufgefangen in einem Gefäß macht es bei beiden die Runde und besiegelt ihre »Blutsbrüderschaft«.

Das Brot brechen: das ist eine Chiffre für »den Bund schneiden« – eine unwillkürliche, nicht notwendig an die Oberfläche des Bewußtseins dringende, aber um so tiefer sitzende Erinnerung an den Moment, wo die tödliche Priesteraxt auf das Opfer niedersaust und die Zerschneidung beginnt. Zudem macht das feierliche Brechen aus dem Brot mehr, als es zuvor war. Seine Bruchstücke haben nun höhere Bedeutung. Aneinandergehalten, »zusammengeworfen«, bedeuten sie nun, wie die Bruchstücke einer Tontafel, jenes integrale Ganze, zu dem sie sich nicht fügen. Als bedeutetes Ganzes ist das Brot ein *symbolon par excellence*. Vorher war es nur gebackene Teigmasse.

Was das Brotbrechen speziell für Jesus bedeutet hat, wird sich noch zeigen.[41] Aber er muß es auf eine Weise zelebriert haben, die ihn für seine Jünger unverwechselbar kenntlich machte. Und so hat sich ihre »unfaßbare Kehrtwende« vornehmlich an diesem Moment festgemacht. Wenn sie sich zusammensetzten wie einst mit ihm, wenn sie das Brot brachen wie einst er, dann war er »mitten unter ihnen«. Nichts begünstigte offenbar ihre Disposition, ihn zu »sehen«, mehr als der Augenblick des Brotbrechens. An ihm muß sich auch der Stoßseufzer *maranatha* (»unser Herr, komm!« [1Kor 16, 22]) entzündet haben, der wie eine Gründungsformel der christlichen Gemeinde klingt, unbestritten ihrer ältesten Schicht angehört und wohl erst allmählich, nachdem der Herr eben nicht kam, ans Ende der Mahlfeier gerutscht ist.[42] Vieles deutet darauf hin, daß sich das Christentum ums Brotbrechen konstituiert hat. Zunächst gewiß nicht aus Spaß und Freude. Die Versammlung der hinterbliebenen Jünger zur Mahlgemeinschaft dürfte anfangs kaum mehr als ein Abwehrreflex gewesen sein. Der innere Zwang, etwas zu wiederholen, was Jesus selbst einst getan hatte, suchte das peinigende Schuldgefühl ihm gegenüber zu lindern. Allmählich aber, als sie den Dahingegangenen im Moment des Brotbrechens zu »sehen« glaubten und herbeizurufen begannen, trat an die Stelle des prozeduralen Gedächtnisses ein repräsentatives. Statt Vergangenes zu wiederholen, suchten sie einen Vergangenen wiederzuholen – nicht mehr unmittelbar physisch, sondern mental. *Repraesentare* heißt »wieder

41 Siehe unten, S. 100 ff.
42 Dort wird sie von der ältesten erhaltenen Gottesdienstordnung (Didache 10, 6, verfaßt frühestens 100 n. Chr.) immerhin noch verortet, wenn auch als versprengtes Element.

gegenwärtig machen«: Vergangenes, Abwesendes als gegenwärtig zu imaginieren. In diesem Fall geschah das so, daß der verstorbene Jesus der Tischgemeinschaft seiner Hinterbliebenen als Auferstandener vorzuschweben begann. Brot und Wein, mit denen er zu Lebzeiten so eindrucksvoll zu hantieren gewußt hatte, wurden nun auf ihn bezogen – und dabei unversehens dechiffriert. Gaben sie doch, ohne daß es eigens darauf abgesehen war, ihre älteste Vorgeschichte zu erkennen und machten offenkundig, wofür Brot und Wein ursprünglich stehen: den Leib und das Blut eines für die Gemeinschaft Dahingegangenen. Faszinierend, wie auf dem Niveau der urchristlichen Tischgemeinschaft noch einmal gleichsam im Schnellkursus früheste Stationen menschlicher Gedächtnisbildung durchlaufen wurden. Allerdings vollzog sich die Dechiffrierung von Brot und Wein ihrerseits in zwei Phasen. In der ersten wurde der Dahingegangene noch gar nicht als Opfer wahrgenommen, sondern ausschließlich als Auferstandener. Dahingegangen war er für die Hinterbliebenen in dem Sinne, daß er ihnen in sein Reich vorausgegangen war. Und so war die in seinem Namen zelebrierte Tischgemeinschaft zunächst die Vorverkörperung dieses Reichs. Brot und Wein standen nur insofern für Leib und Blut des Dahingegangenen, als sie dessen leibhaftig-lebendige Wiederkehr bedeuteten. Man aß und trank sie gleichsam herbei, gab damit dem Bild des Auferstandenen sprichwörtlich Fleisch und Blut und unterfütterte so das »unser Herr, komm!«, was zunächst nicht »komm in ein paar Wochen« oder »nächstes Jahr« bedeutete, sondern »komm jetzt« – so bald wie irgend möglich.

Man nimmt die urchristliche Naherwartung nur dann ganz ernst, wenn man mitdenkt, daß sie zunächst in Stunden und Tagen gerechnet und die Tischgemeinschaft als ihren Erfüllungsort erachtet hat. Die älteste erhaltene Abendmahlsliturgie zeugt noch davon. Wieder einmal ist es Paulus, bei dem sie sich findet. »Der Kelch der Danksagung, über welchem wir danksagen, ist er nicht die Gemeinschaft des Blutes Christi? Das Brot, das wir brechen, ist es nicht die Gemeinschaft des Leibes Christi?« So fragt er die Gemeinde in

Korinth (1Kor 10, 16) und zitiert dabei offenbar eine rituelle Formel, die er bei seinem Eintritt in die christliche Tischgemeinschaft – wahrscheinlich in Damaskus – selbst bereits übernommen haben muß. Für ihre Nähe zum ursprünglichen Jerusalemer Ritus spricht die Wendung »Gemeinschaft des Leibes« bzw. »des Blutes Christi«. Darunter ist die Mahlgemeinschaft verstanden, die den Auferstandenen und sein Reich durch Essen und Trinken leibhaftig präsent zu machen versucht. Der Verzehr von Brot und Wein beschwört ihn herbei, hebt sich ihm entgegen – in den erhöhten, eschatologischen Schwebezustand, der sich auf der Schwelle zum Reich Gottes dünkt. Aber eines geschieht gerade noch nicht: daß Brot und Wein *als* Leib und Blut Christi genossen werden.

Doch als Paulus Christ wurde, war der eschatologische Schwebezustand schon ins Stadium des Absackens, das Christentum in die Zeit seiner Geduldsprobe eingetreten. Man rechnete die Wiederkehr nicht mehr in Tagen und Wochen, sondern in Monaten und Jahren. Als ihr ständiges erfolgloses Herbeiessen und -trinken konnte sich die christliche Mahlgemeinschaft auf die Dauer nicht halten. Sie mußte sich einen anderen Sinn geben. Und so kommt es nicht von ungefähr, daß Paulus noch eine zweite Abendmahlsliturgie weitergibt. Sie überlagert bereits die von 1Kor 10, 16, wird aber bis heute als die eigentliche rezitiert. Paulus behauptet sogar, sie »vom Herrn empfangen« (1Kor 11, 23) zu haben, was, wenn es stimmte, nicht für ein intaktes Erinnerungsvermögen des Herrn spräche.[43] »Der Herr Jesus, in der Nacht, da er ausgeliefert ward, nahm das Brot, dankte, brach es und sprach: Dies ist mein Leib für euch. Dies tut zu meinem Gedächtnis. Desgleichen auch den Kelch nach der Mahlzeit und sprach: Dieser Kelch ist der neue Bund in meinem Blut. Dies tut, sooft ihr trinkt, zu meinem Gedächtnis.« (1Kor 11, 23 ff.)

43 Was Paulus zu dieser Behauptung bewogen hat, ist rätselhaft. Flunkert er einfach nur, um der Liturgie den gewünschten Nachdruck zu verleihen, oder gehört sie derart zur eisernen Ration seines Glaubens, daß er darüber vergessen hat, wie er sie bei seinem Eintritt in die christliche Tischgemeinschaft einst von andern vorgesprochen bekam?

Das »Gedächtnis«, das hier beschworen wird, ist durch starke Erinnerungstrübung erkauft. Sie arbeitet aufs Offensichtlichste mit jenen Mitteln, die bei Freud »Werkmeister« des Traums heißen. Anders gesagt: Sie halluziniert sich den Ursprung der christlichen Tischgemeinschaft nach allen Regeln des traumbildenden Primärprozesses zurecht. Zunächst fällt die Umkehrung auf. Aus Nachher wird Vorher. Mahl halten wie Jesus: das war anfangs ein reflexartiger nachträglicher Gehorsam gegen den Herrn, den die Jünger schmählich verlassen hatten. Nun wird eine vorsorgliche Stiftung daraus. Während Jesus selbst auf nichts so erpicht gewesen war, als daß »das Reich komme«; während seine Mahlgemeinschaften stattfanden, um das »Reich« vorzuskizzieren, erscheint er nun seinen Hinterbliebenen, als hätte er die Mahlgemeinschaft im voraus für sie zum Dauerritus bestimmt, damit sie ihn nicht vergäßen: »Dies tut zu meinem Gedächtnis.« Dabei verdichten sich die Mahlzeiten, die er zelebriert hat, zu einer einzigen, abgehalten »in der Nacht, da er ausgeliefert ward«; daher *Abend*mahl. Und Verdichtung und Umkehrung wirken so zusammen, daß jenes »gestorben für unsere Sünden«, womit die verstörten Jünger sich den furchtbaren Tod ihres Herrn notdürftig plausibel zu machen suchten, als höchstpersönliche Absicht Jesu daherkommt: als hätte er seinen Tod »für unsere Sünden« im engsten Kreise bereits im voraus zelebriert, Brot und Wein *als* seinen Leib und sein Blut an die Jünger ausgeteilt.

Erst durch diese Rückdatierung werden Brot und Wein vollständig dechiffriert. Sie offenbaren ihren archaischen Sinn, Symbole des Menschenopfers zu sein. In bezug auf die Frühgeschichte menschlicher Rituale ist das ungemein erhellend. In bezug auf Jesus ist es eine kapitale Geschichtsklitterung. Sein Tod war eine Hinrichtung. Nun bekommt sie das Ansehen eines Sakraments. Brot und Wein stellen ihn als Menschenopfer dar, das der Geopferte seinen Getreuen schon einmal symbolisch vorsetzt, ehe er es real erbringt. Sie bekommen die Heilswirkung seines Todes noch zu seinen Lebzeiten buchstäblich zu schmecken. Ein Prachtstück eines *vaticinium ex eventu*. Das Abendmahl Jesu firmiert als symbolischer Vorvollzug des Opfers, damit das Gedenkmahl seiner Gemeinde als symbolischer Nachvollzug des Opfers funktioniert.[44]

Damit zeigt sich ein weiterer »Werkmeister« der Traumbildung in Aktion: die Verschiebung. Die »Gemeinschaft des Leibes und Blutes Christi« verschiebt sich zu einer Gemeinschaft, die das Brot als seinen Leib, den Wein als sein Blut zu sich nimmt. Das geschieht zwar zunächst im Rahmen der Naherwartung, weswegen sich Paulus beeilt, sogleich hinzuzufügen: »Denn sooft ihr dies Brot eßt und den

44 Freud war durchaus auf der richtigen Spur, als er im christlichen Abendmahl eine unwillkürliche Wiedervergegenwärtigung des ursprünglichen, kulturstiftenden Menschenopfers bemerkte. Sein blinder Fleck: Er vermochte sich Kulturstiftung einzig als Sexual- und Eifersuchtsdrama vorzustellen: als Mord an einem gewaltigen Urvater, der alle Frauen der Urhorde für sich beanspruchte, keinen andern an sie heranließ, und so die »Söhne« der Horde allmählich derart frustrierte und gegen sich aufbrachte, daß sie ihn schließlich gemeinsam erschlugen und verschlangen – um hernach, geplagt vom Schuldgefühl über ihre Tat, ausgerechnet auf die Frauen zu verzichten, um derentwillen sie sie begangen hatten, und sich ihre Frauen aus andern Horden zu suchen (Sigmund Freud, *Totem und Tabu*, Studienausgabe, Bd. IX, 1974, S. 425 f.). *So* ist es gewiß nicht zur Kultur gekommen. Sexualspannung hat im Naturzustand durchaus nicht genügend traumatisierende Kraft, um Hominiden in Kulturverhältnisse zu treiben (cf. Christoph Türcke, *Philosophie des Traums*, l. c., S. 139 f.). Und dem Märchen vom Urhordenvater, der sogleich als Urmodell des monotheistischen Gottvaters dient, entsteigt alsbald ein weiteres Märchen: das von der »Sohnesreligion«. »Als das Christentum seinen Einzug in die antike Welt begann, traf es auf die Konkurrenz der Mithrasreligion, und es war für eine Weile zweifelhaft, welcher Gottheit der Sieg zufallen würde. [...] Vielleicht darf man aus den Darstellungen des Stiertötungen durch Mithras schließen, daß er jenen Sohn vorstellte, der die Opferung des Vaters allein vollzog und somit die Brüder von der sie drückenden Mitschuld an der Tat erlöste. Es gab einen anderen Weg zur Beschwichtigung dieses Schuldbewußtseins, und diesen beschritt erst Christus. Er ging hin und opferte sein eigenes Leben, und dadurch erlöste er die Brüderschar von der Erbsünde.« Damit allerdings »erreicht auch der Sohn das Ziel seiner Wünsche gegen den Vater. Er wird selbst zum Gott neben, eigentlich an Stelle des Vaters. Die Sohnesreligion löst die Vaterreligion ab. Zum Zeichen dieser Ersetzung wird die alte Totemmahlzeit als Kommunion wiederbelebt, in welcher nun die Brüderschar vom Fleisch und Blut des Sohnes, nicht mehr des Vaters, genießt« (*Totem und Tabu*, l. c., S. 436 f.). – Von wem, mit Verlaub, spricht Freud hier eigentlich? Mit dem historischen Jesus hat das Zitierte so gut wie nichts zu tun. Der hatte, wie sich im nächsten Kapitel sogleich zeigen wird,

Kelch trinkt, verkündigt ihr den Tod des Herrn, bis er kommt.« (1Kor 11, 26) Aber für die symbolische Opferhandlung, die das Mahl nun darstellt, ist die Naherwartung nicht mehr konstitutiv. Man muß die Wiederkehr Christi nicht mehr herbeiessen und -trinken. Das Brot *ist* schon sein Leib, der Wein *ist* schon sein Blut. Man kann daran auch teilhaben, wenn man nicht in den Koordinaten der jüdischen Naherwartung aufgewachsen ist. Und den Heiden, die in die christliche Gemeinde eintreten, ist sie zumeist fremd. Man muß ihnen überhaupt erst suggerieren, daß Christus »bald« wiederkehren wird. Ihr Erwartungshaushalt ist keineswegs darauf eingestellt, und je mehr Heiden bekehrt werden, desto mehr Zeit verstreicht, desto mehr verblaßt die Naherwartung, desto weniger kann das Evangelium von ihr abhängig gemacht werden. Was Juden und Heiden hingegen gleichermaßen einleuchtet, ist die sündentilgende Kraft des Opfers. Jesus als derjenige, der am Kreuz »für unsere Sünden« gestorben ist, die Mahlgemeinschaft als der Ort, wo sein Opfertod symbolisch nachvollzogen wird, wie er selbst ihn beim Abendmahl mit seinen Jüngern symbolisch vorexerzierte: das taugte als gemeinsame Halluzinationsbasis von Juden- und Heidenchristen. Wer Brot und Wein als Leib und Blut Christi im Vertrauen auf

wahrlich anderes im Sinn als »sein eigenes Leben« zu opfern, um »die Brüderschar von der Erbsünde« zu erlösen, oder sich selbst »zum Gott neben, eigentlich an Stelle des Vaters« zu machen. Ist also von der urchristlichen Gemeinde die Rede? Anscheinend. Nur hat die sich zwar den Tod Jesu als Menschheitsopfer zurechtgedeutet, aber nicht ansatzweise versucht, ihren Christus an die Stelle des Gottes Israels zu setzen. Umgekehrt: Selbst Paulus verlangt von den Heiden, daß sie den Gott Israels als einzigen anerkennen und den Christus Jesus als *seinen* Sohn imaginieren. Und schließlich: Eine »Sohnesreligion«, in der sich der Sohn an die Stelle des Vaters setzt, führt lediglich die Vaterreligion in personeller Neubesetzung fort. Das schönste Beispiel dafür gibt die griechische Mythologie. Wo Zeus seinen Vater Kronos entmannt, ist er durch und durch aufrührerischer Sohn. Sobald er sich aber an dessen Stelle setzt und eine neue Weltordnung etabliert, wird er, wie Hesiod ganz richtig sagt, zum »Vater der Götter und Menschen« (*Theogonie*, 47). Freud hat das Schema der Vater- und Sohnesreligion einzig entworfen, um das Verhältnis von Juden- und Christentum zu erfassen. Aber es greift nicht.

deren Heilswirkung zu sich nimmt, der wird seine Sünden augenblicklich los. Er ist schon jetzt der rettenden Gnade teilhaftig. Er muß sie nur noch bewähren – bis Christus kommt. Das Hochgefühl des eschatologischen Schwebezustands hat sich zu einem Bewährungsstand von unabsehbarer Dauer ernüchtert. Rettung auf Bewährung: mit dieser Denkfigur war der Abschied von der Naherwartung bereits eingeleitet, denn es tat der sündentilgenden Kraft des Todes Jesu nicht den geringsten Abbruch, wenn die Wiederkehr des Auferstandenen sich wer weiß wie lange hinauszögerte.

Paulus und Petrus

Paulus hat das Motiv der Rettung auf Bewährung durch den Opfertod Jesu ebensowenig erfunden wie die Heidenmission. Aber er erst hat beiden zur Durchsetzung verholfen, weil er wie kein zweiter im Urchristentum die Instanz anzugeben wußte, vor der sich die frischgebackenen Christen aller Herren Länder zu bewähren hätten: das wieder »aufgerichtete« Gesetz, das zwar bloß das alte jüdische war, aber in neuer, erhöhter, geläuterter Gestalt: als Gesetz überhaupt. Im Zeichen dieses Gesetzes konnte er die Heidenmission zu seiner Lebensaufgabe machen. Sie war sein ureigenstes Bedürfnis, sein Mittel, um den jüdisch-römischen Konflikt in seinem Inneren zu beruhigen, sein Ausweg aus einem ganz persönlichen Dilemma. Und den Heiden das Evangelium bringen hieß zwar: Ihr müßt euch nicht beschneiden lassen und seid, ob Mann oder Frau, Sklave oder frei, genauso vollgültige Mitglieder der neuen Tischgemeinschaft wie alle Juden auch (Gal 3, 28). Ansonsten aber galt: »Weder Unzüchtige noch Götzendiener noch Ehebrecher noch Lustknaben noch Knabenschänder noch Diebe noch Habsüchtige noch Trunkenbolde noch Lästerer noch Räuber werden das Reich Gottes erben.« (1Kor 6, 9 f.) Die ganze sexuelle Strenge des jüdischen Gesetzes bleibt ebenso verbindlich wie sein strikter Monotheismus. Heiden können sich nicht zu Christus bekehren, ohne zugleich den Gott des

Judentums als einzigen Gott anzunehmen. Andernfalls bleiben sie »Götzendiener«.

Deshalb interessiert sich Paulus so angelegentlich für Götzenopferfleisch. Es ist das *corpus delicti* seiner unbeglichenen römischen Schuld, die er durch Missionierung des ganzen römischen Reiches abzutragen sucht. Wenn Christen unter sich sind, spielt Götzenopferfleisch kaum eine Rolle. Was zählt, sind Brot und Wein. Aber genauso wie Juden und Heiden in der christlichen Mahlgemeinschaft vereint sein sollen, so sollen sich Christen auch von »Ungläubigen« zum Gastmahl einladen lassen. Sie dürfen dort Fleisch essen, ja sie sollen nicht einmal »untersuchen«, woher es kommt. Solange sie nicht wissen, daß es von einem Schlachtopfer stammt, ist es einfach bloß Fleisch – wohl bekomms. »Aber wenn euch jemand sagt: Das ist Opferfleisch, so eßt nicht« (1Kor 10, 28). Denn nun wäre Mitessen so viel wie Teilhabe am Götzenopfer. Dessen jüdisches Verbot aber gilt auch für Christen. Das von Paulus wieder »aufgerichtete« Gesetz ist also durchaus kein kultfreies »reines« Moralgesetz. Es ist lediglich frei von zwei jüdischen Beschränktheiten. Statt separater Tischgemeinschaft verlangt es die integrative, statt der Beschneidung die Taufe. Es setzt auf zwei allgemeinheitsfähige, missionstaugliche Riten. Sie sollen das Gesetz gewissermaßen auf Menschheitsniveau heben, es so läutern, daß es, wie ein Transparent, den gekreuzigten Messias durchscheinen läßt und auf ihn hintreibt.

Die Finessen seiner Gesetzeslehre mögen Paulus erst nach und nach aufgegangen sein. Das Grundmuster jedoch ist bereits seinem Damaskus-Erlebnis eingezeichnet. Es überfiel ihn ja nicht, wie die Apostelgeschichte fingiert, aus heiterem Himmel und ließ ihn danach dann ins Grübeln über das Gesetz geraten. Umgekehrt: Es ratifizierte lediglich etwas, was sich längst in ihm angebahnt hatte. Der Anfall, der ihn bei Damaskus überkam, war nur der finale Stoß, der einen quälenden Prozeß entschied: eine in Schüben voranschreitende, von tiefen Schwankungen und Gewissensbissen begleitete emotionale Umstülpung, in deren Verlauf sich der gekreuzigte Messias vom Feindbild des Gesetzes ins Bild der Rettung vom Gesetz verkehrte. Die Kehrtwende des Paulus ist zwar eine andere als die des Petrus und der »Zwölf«, aber die Selbstüberwältigung, die er dabei durchmachte, dürfte kaum weniger aufwühlend gewesen sein als die der Jesus-Jünger, wenn auch auf einem ungleich höheren Niveau. So ist es gar nicht abwegig, daß er sich genauso als Apostel fühlte wie jene. Und daß er den historischen Jesus nicht gekannt hatte? Das kümmerte ihn wenig. Entscheidend war, ihn als Christus »gesehen« zu haben, und das hatte er in der Tat nicht minder als die Jünger, nur anders. Ihre Vision überwand die unerträgliche Zudringlichkeit eines Untoten, seine Vision die unerträgliche Zudringlichkeit des Gesetzes. Sein Christusbild konnte daher nur die Gestalt des erfüllten Gesetzes annehmen.

In dieses Bild mußte freilich alles, was er aus zweiter und dritter Hand über das Leben Jesu erfahren hatte, hineinpassen. Wieviel genau er davon wußte, ist schwer zu sagen. Das wenige, das er dar-über explizit oder implizit äußert, läuft jedenfalls auf vollkom-mene Gesetzeserfüllung hinaus. Jesus war »dem Gesetz untertan« (Gal 4, 4); »er erniedrigte sich selbst und wurde gehorsam bis zum Tode, ja bis zum Tode am Kreuz« (Phil 2, 8). Bei alledem blieb er der einzige Mensch, der »von keiner Sünde wußte« (2Kor 5, 21) und daher um so berechtigter war, ganz im Sinne des Gesetzes zu verlan-gen, »daß eine Frau sich vom Mann nicht trennen soll« (1Kor 7, 10). Das klingt sehr danach, als habe Paulus das Jesus-Wort »Ich aber sage euch: Jeder, der eine Frau ansieht, um sie zu begehren, hat mit ihr in seinem Herzen schon Ehebruch begangen« (Matth 5, 28) durchaus gekannt, jedoch nur in entschärfter, gesetzeskonformer Weise zu adaptieren vermocht. Auch Ermahnungen wie »Segnet die euch verfolgen« (Röm 12, 14), »Vergeltet niemandem Böses mit Bösem« (Röm 12, 17), »Überwinde das Böse durch das Gute« (Röm 12, 21) muten an wie ein blasses, gesetzeskonform gemachtes Echo dessen, was bei Jesus »Liebet eure Feinde« (Matth 5, 44) hieß – ein Wort, das Paulus schwerlich unbekannt geblieben sein dürfte. Und die Gleichnisse Jesu oder seine Symbolhandlungen wie Ähren-ausraufen am Sabbat oder Tempelaustreibung? Die enthalten viel zu

viel Störpotential, um sich mit dem Bild der personifizierten Gesetzeserfüllung zu vertragen. Sie kommen bei Paulus einfach nicht vor.
Daß er davon rein gar nichts gehört haben sollte, ist sehr unwahr-
scheinlich. Aber er hat sie nicht an sich herangelassen.

Als Paulus »drei Jahre« nach seiner Bekehrung nach Jerusalem reiste, um »Kephas kennenzulernen« und bei ihm »fünfzehn Tage
blieb« (Gal 1, 18), da war sein Hauptmotiv keineswegs, Nachhilfeunterricht über den historischen Jesus zu nehmen und endlich einmal aus erster Hand erzählt zu bekommen, wie es damals mit ihm
gewesen sei. Vielmehr wollte er von der Jerusalemer Urgemeinde
als Apostel anerkannt werden. Und das bei seiner Vorgeschichte
und obwohl er getauft war. Petrus empfing ihn. Sonst bekam er nur
noch den Herrenbruder Jakobus zu Gesicht. Die andern Apostel
zeigten sich nicht. Dafür gibt es wohl nur ein Motiv: Sie mißtrauten
dem ehemaligen Pharisäer und Christenverfolger derart, daß sie
nicht einmal mit ihm reden wollten. Und was haben Petrus und Paulus in jenen »fünfzehn Tagen« besprochen? Ach gäbe es doch einen
Tonbandmitschnitt! Klar ist nur: Zunächst einmal war es Paulus,
der nötig hatte, sich vorzustellen, seine Vertrauenswürdigkeit zu
erweisen, zu sagen, wer er war, warum er Christen verfolgt hatte,
wie er zur christlichen Gemeinde gelangt war und worin die
Christusbotschaft bestand, die er längst in der Gegend um Damaskus verkündigte. Letzteres aber konnte er schwerlich tun, ohne seine pharisäische Rhetorik und Schriftgelehrsamkeit einzusetzen und
die Grundzüge seiner eigenen Gesetzeslehre zu entfalten, von der
Petrus aus dem Munde Jesu nie etwas gehört hatte und die wahrscheinlich weit über seinen Horizont ging. Daraus läßt sich zumindest schattenhaft erahnen, wie die Redeanteile verteilt gewesen sein
dürften. Gewiß nicht so, daß Paulus zu Füßen des Petrus saß und
seinen Anekdoten über die gemeinsame Zeit mit Jesus lauschte. Viel
spricht dafür, daß Paulus der Hauptredner war, vielleicht schon
damals nicht viel anders als bei seinem zweiten Besuch in Jerusalem
vierzehn Jahre später, von dem er knapp und selbtbewußt sagt: »Ich
setzte ihnen das Evangelium auseinander, das ich den Heiden

verkündige, insbesondere den Angesehenen, damit ich nicht ins Leere laufe oder gelaufen wäre.« (Gal 2, 2)

Nichts hingegen deutet darauf hin, daß es bei seinem Kennenlernen von Petrus und Jakobus freundschaftlich oder gar herzlich zugegangen sei. Kein Wort von einem Einvernehmen, geschweige denn, daß er mit ihrem Segen und Weggeleit, anerkannt als »Bruder in Christus« oder gar als Apostel, von dannen gezogen wäre. Nur ihre Befürchtung, er könnte ein Spitzel sein, vermochte er offenbar halbwegs zu zerstreuen. Auf den »Handschlag der Gemeinschaft« (Gal 2, 9) hingegen durfte er noch vierzehn Jahre warten. Er bekam ihn erst beim zweiten Jerusalembesuch. So wenig Paulus auf Petrus' persönliches Spezialwissen über Jesus erpicht gewesen sein dürfte, so wenig hatte Petrus Anlaß, den ehemaligen Christenverfolger und Pharisäer Paulus sogleich vertrauensselig in dies Wissen einzuweihen. Gut möglich, daß Paulus bei seinem ersten Jerusalembesuch herzlich wenig über den historischen Jesus erfuhr und auch sonst nur spärlich darüber informiert war. Erst spätere Generationen nahmen den Heidenapostel so wahr, als wäre ihm das, was die Evangelien überlieferten, selbstverständlich rundum bekannt gewesen. Doch das ist eine Rückprojektion. Paulus starb etwa fünf Jahre vor Abfassung des Markusevangeliums. Ob er auch nur die Hälfte der Geschichten gekannt hat, die dort zusammengetragen sind, ist keineswegs ausgemacht.

Daß Paulus den historischen Jesus auf einen wandelnden Schemen der Gesetzeserfüllung reduzierte und gar nicht so genau wissen wollte, was sich mit dem wirklichen Menschen Jesus zugetragen hatte, zeugt allerdings von einem richtigen »Riecher«. Manche historischen Details fügen sich ja, auch nach ausführlicher Schleifung und zusätzlicher Übermalung, beim besten Willen nicht zu jenem auferstehungskonformen Erinnerungsbild, welches das Evangelium erforderte. Daher begnügte Paulus sich strikt mit jenem Rettungsbild, das er vom auferstandenen Christus »gesehen« hatte. Dieses Bild so vielen Menschen wie möglich durch Verkündigung einzuprägen, ehe der Verkündigte selbst zur Endabrechnung wiederkehren und ausschließlich diejenigen mit seinem Bild im Herzen in sein Reich hinüberretten würde: das erachtete er als seine Aufgabe. Nur daß der Verkündigte nicht kam. Je länger sich aber seine Wiederkehr hinauszögerte, desto mehr drohte auch deren Vorlauf zu verblassen: die irdische Geschichte Jesu. Verflüchtigte sich die aber, so wurde auch die Botschaft von seinem Tod »für unsere Sünden« und seiner leibhaftigen Auferstehung windig und unwirklich. Paulus versuchte, dieses Problem durch missionarische Hyperaktivität zu überspielen. Auf die Dauer jedoch führte kein Weg an einem möglichst plastischen Erinnerungsbild des irdischen Jesus vorbei, auch wenn es reich an störenden Details war. Die »unfaßbare Kehrtwende« konnte nicht bei der Umwendung seines Todes in ein sühnendes Opfer Halt machen; sie mußte auf das übergreifen, was vor diesem Tod gewesen war.

2. Mosaik aus Störfaktoren: Der historische Jesus

Historisch-kritische Forschung

Als die Bibelwissenschaft zu Beginn des 20. Jahrhunderts einsehen mußte, daß die Evangelien beim besten Willen keine historisch seriöse Biographie Jesu hergeben, herrschte eine Zeitlang Katzenjammer. Rudolf Bultmann ging gar so weit, zu behaupten, »daß wir vom Leben und von der Persönlichkeit Jesu so gut wie nichts mehr wissen können, da die christlichen Quellen sich dafür nicht interessiert haben«. Es gehe ihnen nicht um die Geschichte Jesu, sondern um seine Verkündigung als Christus und Sohn Gottes; nicht darum, wie er war, sondern wie er seiner Gemeinde nachträglich erschien und was er ihr bedeutete. Mehr als seine Bedeutung haben wir nicht, konstatierte Bultmann, um aus dieser Not allerdings sogleich eine Tugend zu machen: Mehr brauchen wir auch nicht. Wer die Botschaft von Jesus als dem Christus und Sohn Gottes annimmt, dem teilt sich die volle Bedeutung Jesu mit. Er macht »die Erfahrung der Gnade und Vergebung Gottes, die den alten Menschen vernichtet und den neuen schafft«.[45] Das klang nun wieder recht fromm, aber vielen Gläubigen war nicht wohl dabei. Hing die Bedeutung Jesu nicht haltlos in der Luft, wenn sie ohne jede Bodenhaftung an seinen wirklichen Worten, Taten und Charakterzügen war?

In der Tat: Bedeutung ist nie autark. Sie deutet stets auf etwas hin, *dessen* Bedeutung sie ist – und damit auch dessen Deutung. Historische Ereignisse haben wir nie pur, sondern immer nur in nachträglichen Worten oder Bildern, also in gedeuteter Form, und Deutung

---

45 Rudolf Bultmann, *Jesus*, 1926, Siebenstern, München und Hamburg 1964, S. 10 und 143

hat nicht aus Lust begonnen, sondern aus Not: um von Ereignissen, die so erschüttert hatten, daß sie, auch nachdem sie längst vergangen waren, nicht aufhörten zu peinigen, loszukommen; kurzum, damit »der Schmerz weggesprochen« werde, wie Freud in den Hysteriestudien so schön sagt.[46] Die ganze antike Mythologie ist nicht aus Spaß entstanden, sondern um Distanz zu bedrohlichen Ereignissen zu gewinnen. Erzählen, wie es eigentlich gewesen ist: das kann man erst wollen, wenn das zu Erzählende nicht mehr unmittelbar bedroht und peinigt, genauso wie sich auch erst in einem gewissen Sicherheitsabstand zu Dingen und Menschen »die Lust zu fabulieren« regt. Sie erprobt sich zunächst an schon vorhandenem Erzählstoff: als dessen Ausschmückung und Umspinnung. Aber da hat das Fabulieren schon eine lange unlustvolle Vorgeschichte hinter sich. Ursprünglich sind Fabulieren und Halluzinieren mentale Fluchtversuche. Sie verzerren, verbiegen, verdekken, aber schmücken nicht genüßlich aus; schon gar nicht sind sie freie Erfindungen. Sie entstanden nicht aus Desinteresse an Geschichte, sondern als Notwehr gegen sie. Daß um den Beginn unserer Zeitrechnung ein paar verwegene Fabulierer die Figur Jesus von Nazareth erfunden hätten:[47] auf so etwas kann man erst unter den Bedingungen moderner Romanschriftstellerei kommen. Umgekehrt wird es stimmig: Einige hart Betroffene mußten viel fabulieren, fingieren, erfinden, um die historische Gestalt Jesu postum überhaupt auszuhalten. *So* entstand »die Verkündigung«. Ebensowenig wie eine bloße Erfindung ist Jesus aber eine konturlose Tragfläche, eine Art historischer Leinwand, auf die seine Verkündigung als Christus und Gottessohn sich nach Belieben projizieren ließ. Nur wer sich die Welt in reine Fakten und reine Dichtung eingeteilt hat, kann auf die Alternative verfallen: Entweder die Evangelien wollten sagen, »wie es eigentlich gewesen sei«; dann sind sie historische Berichte.

46 Josef Breuer/Sigmund Freud, *Studien über Hysterie*, 1895, Fischer, Frankfurt am Main 1991, S. 167
47 Cf. zum Beispiel Arthur Drews, *Die Christusmythe*, Diederichs, Jena 1924

Oder sie wollten verkündigen; dann besagen sie nichts übers Historische; sie haben sich »dafür nicht interessiert«.

So leicht wird man den historischen Jesus nicht los. Man kommt zwar auch nicht leicht an ihn heran, nämlich nicht jenseits der dubiosen christlichen Quellen. Er ist nur faßbar in christlich gedeuteter Form. Aber diese Form wäre leer, hätte sie nicht in Begebenheiten aus dem wirklichen Leben Jesu einen konkreten Inhalt. Und wenn dieser Inhalt auch von seiner Form nicht ablösbar ist, so ist er doch von ihr unterschieden; er ist durch sie geformt und verformt, aber er ist nicht Form. Und die Eigenheit, um nicht zu sagen, der Eigensinn eines Inhalts manifestiert sich am zuverlässigsten an Stellen, wo er sich der Form in erkennbarer Weise widersetzt. Solche Stellen muß es auch im Falle Jesu geben, sagte sich der Bultmann-Schüler Ernst Käsemann und formulierte folgendes Kriterium: Wann immer ein Überlieferungsstück aus der ältesten Schicht des Neuen Testaments »weder aus dem Judentum abgeleitet noch der Urchristenheit zugeschrieben werden kann, speziell dann, wenn die Judenchristenheit ihr überkommenes Gut als zu kühn gemildert oder umgebogen hat«, so ist es mit hoher Wahrscheinlichkeit ein Relikt »authentischen Jesusgutes«.[48]

Das muß man zweimal lesen. Jener Jude, auf den das Christentum sich beruft, soll gerade dort eigene Kontur zeigen, wo er weder in die Koordinaten des Judentums noch des ihn verkündigenden Evangelium paßt? Er wäre also dadurch charakterisiert, der Störfaktor in beiden zu sein? Ja, als solcher ist er im 1. Kapitel dieses Buches bereits durchgängig behandelt worden. Käsemanns Kriterium fand dort längst Anwendung, nur etwas radikaler, als von ihm beabsichtigt.[49] Störfaktor war Jesus nämlich zunächst in jenem maximalen

---

48 Ernst Käsemann, *Das Problem des historischen Jesus*, l. c., S. 205
49 Die Neutestamentler haben Käsemanns Kriterium inzwischen in einen ganzen Satz von Kriterien aufgefächert. Lüdemann nennt sechs: das Anstößigkeitskriterium, Differenzkriterium, Wachstumskriterium, Seltenheitskriterium, Kriterium der breiten Bezeugung, Kohärenzkriterium (Gerd Lüdemann, *Jesus nach 2000 Jahren. Was er wirklich sagte und tat*, zu Klampen, Lüneburg 2000,

Sinn, daß sein Lebensende seine Jünger völlig verstörte. Ihre Kehrtwende von abtrünnigen Gefolgsleuten zu »Zeugen« der Auferstehung war der Versuch, ihr traumatisches Verstörtsein durch Jesus zu überwinden. Als dieser generelle Störfaktor hat Jesus das Christentum geradezu konstituiert; nicht eingesetzt, wohl aber ausgelöst. Als seine Hinterbliebenen aber gewahr wurden, daß sie auf die Dauer seine Auferstehung nicht behaupten konnten, ohne von dem wirklichen Menschen zu erzählen, dem sie widerfahren sein sollte; als sie also daran gingen, ihre Erinnerungen an konkrete Begebenheiten mit dem Verstorbenen zusammenzutragen, da stießen sie auf ein neues Problem. Der *große* Störfaktor, das grauenhafte Ende Jesu, schien durch die Kehrtwende zur Auferstehungshalluzination bewältigt. Aber gerade dadurch mutierten viele der gemeinsamen Erinnerungen an Jesus nachträglich zu kleinen Störfaktoren. Eigentlich waren sie ja einfach bloß Erinnerungsstücke, die tiefen Eindruck gemacht hatten. Nun aber sollten sie allesamt Vorboten seiner Auferstehung gewesen sein, gleichsam deren vorauseilende Zeugen. Und wenn einige davon gar nicht dazu taugten? Dann mußten sie entsprechend zurechtgebogen oder zumindest so bearbeitet werden, daß sie den Glauben an die Auferstehung nicht verunmöglichten.

Und so begannen die Hinterbliebenen mit ihren Erinnerungsstücken ganz ähnlich umzugehen wie der Traum mit dem, was

S. 15 f.) Viel gewonnen ist damit nicht. Die ersten vier Kriterien erweisen sich bei Lichte besehen bloß als verschiedene Aspekte eines einzigen. Wo Jesus anstößig ist, weicht er von der jüdisch-urchristlichen Umwelt ab; wo er von ihr differiert, ist er anstößig. Wo eines seiner knappen Worte von vielen anderen überwachsen ist (das ist mit »Wachstum« gemeint), da ist versucht worden, dessen Anstößigkeit zu mildern. Seltenheit ist nur ein schwächerer, unscharfer Fall von Differenz. Und die letzten beiden Kriterien sind ohnehin bloß sekundär. Nur wenn schon viel dafür spricht, daß man es mit echtem Jesusgut zu tun hat, kann dessen »breite Bezeugung« oder seine »Kohärenz« mit andern Stellen diesem Eindruck zusätzlich Nachdruck verleihen. Zerlegt in Einzelkriterien gibt Käsemanns Kriterium seinen Geist auf. Ihn aber gilt es zu entfalten: die Logik der Störung und ihrer nie ganz geglückten Überwindung.

Freud »Tagesreste«[50] nennt. Ein Tagesrest ist ja selbst ein kleines Erinnerungsstück – ein Eindruck vom Vortag, oft ein ganz unscheinbarer, der kaum bemerkt in den Schlaf mitgenommen wird, dort aber weitergärt, Kreise zieht und sich mit jenem Untergrund tiefer, uneingestandener, verbotener Wünsche assoziiert, die jedes menschliche Seelenleben unerledigt mit sich herumschleppt. Freud nennt sie die »latenten Traumgedanken«[51]. Sie sind gewissermaßen die Schlafgespenster. Im Schlaf, wo die seelische Selbstüberwachung sich stark lockert, haben sie weit mehr Bewegungsfreiheit als im Wachzustand. Wenn ein Tagesrest sie weckt, gehen sie um, verlangen ihre Erfüllung und drohen andernfalls den ganzen Organismus zu wecken. Schwer zu sagen, ob *sie* der eigentliche Schlafstörer sind oder der Tagesrest, der sie rege macht. Der Traum jedenfalls ist ihr Widerpart: »der *Wächter* des Schlafs, nicht sein Störer«.[52] Seine »Werkmeister«[53] arbeiten daran, das gemeinsame Stör- und Wunschpotential von Tagesrest und latenten Traumgedanken zu stillen. Dazu transformieren sie es in Halluzinationen, in denen es sich bis zur Unmerklichkeit und Unkenntlichkeit verläuft, aber nicht wirklich befriedigt wird, sondern eben nur halluzinatorisch. Diese Halluzinationen sind der »manifeste Trauminhalt«[54], also das, was wir vom Traum erleben. Aber wir erleben nur dessen Fassade; drei Werkmeister namens Verdichtung, Verschiebung und Umkehrung haben sie aus den latenten Traumgedanken gezimmert. Und wenn ihre Bautätigkeit nicht ausreicht, das Erwachen abzuwenden, tritt noch eine weitere Helferin hinzu: die »sekundäre Bearbeitung«[55]. Sie flicht in den gerade ablaufenden Traum zusätzlich beschwichtigende Elemente ein, gibt ihm eine andere Richtung oder überlagert ihn durch einen anderen, ohne daß

50 Sigmund Freud, *Die Traumdeutung*, l. c., S. 531
51 L. c., S. 158
52 L. c., S. 240
53 L. c., S. 307
54 L. c., S. 178
55 L. c., S. 470

sich freilich immer genau ausmachen läßt, wo die primäre Arbeit der Werkmeister endet und wo die sekundäre Bearbeitung anfängt.

Das Zustandekommen neutestamentlicher Texte sieht der Bildung und Bearbeitung von Träumen frappierend ähnlich. Die Neutestamentler unterscheiden zwischen Tradition und Redaktion. Unter Tradition verstehen sie die älteste, mündlich artikulierte und weitergetragene Schicht des Evangeliums: die genuine Auferstehungsbotschaft und die ersten Sammlungen von Erinnerungen an Jesus. Als Redaktion hingegen gelten jene ausschmückenden, meist abmildernden, gelegentlich auch frei erfundenen Zusätze und Veränderungen, die die Tradition im Laufe des Weitererzählens und Aufschreibens erfuhr. Im Laufe der Redaktion hat sich das Fabulieren aus einer Notwehr allmählich in Richtung Lust gewandelt. Doch was hier Tradition heißt, ist ja nichts Ursprüngliches. Es hat bereits den Bearbeitungsgrad eines manifesten Trauminhalts. Man denke allein an die Umkehrungsarbeit, die aus dem untoten Jesus einen auferstandenen machte. Was wäre sie ohne ein ganzes Erinnerungsarsenal? Da ist zunächst die große traumatische Erinnerung ans Ende Jesu. Aber daß sie so traumatisch hat wirken können, ist wiederum vielen Erinnerungen an Vorangegangenes geschuldet: an Begebenheiten, die die Jünger tief in den Bann Jesu gezogen und von seiner Einzigartigkeit überzeugt hatten. Nachdem nun aber die große traumatische Erinnerung ans Ende Jesu in den manifesten Traum von der Auferstehung gewendet worden war, mußten auch alle weiteren Erinnerungen an Jesus in diesen Traum hineingezogen werden. Doch das ließ das Leben Jesu nicht so einfach mit sich machen.

Wir können dies Leben zwar nicht mehr durchgängig rekonstruieren, wohl aber feststellen, wo und wie es der Aufnahme in den Traum von der Auferstehung Widerstand entgegensetzt. Diese Widerstandsmomente, die Störfaktoren im Evangelium, sind die einzig zuverlässigen Zeugen Jesu. Freilich ergeben sie kein geschlossenes Bild, sondern nur ein fragmentarisches Mosaik. Zahllose Steinchen fehlen. Aber die vorhandenen sind vielleicht sprechender als zunächst vermutet. Denn wie im Großen, so im Kleinen. Wie der Kreuzestod Jesu Auslöser des Christentums war, so sind die signifikanten Störfaktoren seines Lebens als Auslöser der Evangelienbildung nicht zu unterschätzen. Hatten sie es doch besonders nötig, verdeckt, verfälscht, umgebogen zu werden, wenn das Erinnerungsbild Jesu auferstehungskonform ausfallen sollte. Zweifellos sind sie Hauptstimuli der urchristlichen Gedächtnisarbeit. Traumtheoretisch gesprochen bilden sie eine Allianz aus Tagesresten[56] und latenten Traumgedanken. Sofern es sich dabei um Lebensumstände Jesu handelt, ähneln sie dem zufälligen Störpotential von Tagesresten. Sofern es um Jesu eigenes Auftreten geht, nimmt das Störpotential die Dynamik eines unverwechselbaren Wunschpotentials an. So ist es keineswegs übertrieben, die Worte und Taten Jesu als die latenten Traumgedanken des Christentums zu bezeichnen und das Evangelium (die Evangelien) als seinen manifesten Trauminhalt, wobei die Schicht der Tradition dem Primärprozeß der Traumbildung entspricht, die Redaktion der sekundären Bearbeitung. Und wie sich beim Traum oft nicht ausmachen läßt, wo sein Primärprozeß endet und die sekundäre Bearbeitung beginnt, so lassen sich auch Tradition und Redaktion nicht säuberlich auseinanderhalten. Wo tradiert wird, zumal wenn die Weitergabe mündlich geschieht, wird *nolens volens* auch redigiert, ja die Traditionsbildung selbst ist nie nur Modellierung, sondern immer auch schon Modulierung. Und für das Folgende ist die Differenz von Tradition und Redaktion ohnehin oft nur sekundär. Die Störfaktoren des Lebens Jesu liegen ihr weit voraus. Der kleine, exemplarische, essayistische Durchgang durch diese Störfaktoren, der nun erfolgt, erhebt allerdings keinerlei Anspruch auf Vollständigkeit. Selbst für das fragmentarische Mosaik, das sich vom Leben Jesu einzig noch herstellen läßt, liegen im Neuen Testament weit mehr Steinchen verstreut, als hier aufgenommen werden. Das Mosaik wird lediglich

---

56 Dies Wort hier natürlich nur metaphorisch genommen. Der »Vortag«, von dem diese Reste stammen, ist das Vorleben des Christentums.

angedeutet und nicht mehr erstrebt, als ein paar unzweifelhaft charakteristische Steinchen in eine sprechende Konstellation zueinander treten zu lassen.

Nazareth

Nazareth war kaum mehr als ein galiläisches Dorf – ohne nennenswerte Gewässer, Handelswege oder Kultstätten. Dorther zu stammen, war nicht schmeichelhaft, aber auch nicht ehrenrührig. Deswegen hatten Jesus und seine Jünger nicht den geringsten Anlaß, seinen Herkunftsort – und Herkunftsort hieß in aller Regel auch Geburtsort – nachträglich zu beschönigen. Sonst hätte man ihn leicht der von griechischer Kultur geprägten Stadt Sepphoris, die kaum fünf Kilometer entfernt lag, als Vorort zuschlagen können. Als die christliche Urgemeinde diesen Jesus aber als Christus (= Messias = Gesalbten) identifizierte, stellte sie ihn damit automatisch in die Tradition des Königs David. David, der große Gesalbte der Vergangenheit, war das Parademodell für den künftigen Retter Israels. Weite Kreise des Judentums stellten sich ihn als Erben Davids vor. Und so hat sich in der christlichen Gemeinde sehr früh eine Formel herauskristallisiert, die Paulus bereits wie eine feste Tradition zitiert: Jesus sei »hervorgegangen aus dem Samen Davids nach dem Fleisch, eingesetzt zum Sohn Gottes [...] nach dem Geist« (Röm 1, 4). Damit aber wurde aus der Wortkombination Jesus von Nazareth unversehens ein Störfaktor. David stammte nämlich aus Bethlehem, was so viel hieß wie: Er war dort geboren. Wenn Jesus ein Nachkomme Davids war, mußte er dann nicht auch dorther stammen? So jedenfalls hatte es der Prophet Micha vorgesehen. »Bethlehem-Ephrat, du kleinste unter den Städten Judas, aus dir soll mir kommen, der in Israel Herr sei« (Micha 5, 2). Und die christliche Gemeinde hatte, wie oben gezeigt, schon in frühester Zeit das dringende Bedürfnis, sich »nach den Schriften« zu richten, um ein Koordinatensystem für ihre grundstürzenden Erfahrungen und damit neuen Halt zu gewinnen. Was aber tun, wenn sich nicht mehr leugnen ließ, daß Nazareth Jesu Herkunftsort war? Dann mußte wenigstens geleugnet werden, daß sein Herkunftsort auch sein Geburtsort war.

Darum bemühen sich Matthäus und Lukas gleichermaßen in ihren Geburtsgeschichten. Beide suggerieren Bethlehem als Geburtsort Jesu, aber von nahezu konträren Ausgangspunkten aus. Matthäus beginnt lakonisch: »Als Jesus in den Tagen des Königs Herodes zu Bethlehem in Judäa geboren war« (Mt 2, 1), womit unterstellt ist: Seine Mutter und ihr Mann, ein entfernter Nachfahre Davids, waren dort ansässig, wie sich das für Daviden eben gehört. Nun muß eine höhere Fügung erfunden werden, die sie von Bethlehem nach Nazareth verschlägt. Dazu dient erstens der neue Stern, der von Magiern aus dem Morgenland als Zeichen für den »neugebornen König der Juden« (Mt 2, 2) gedeutet wird und sie zu Herodes führt. Vielleicht hat dieser Stern etwas mit der singulären Planetenkonjunktion von Jupiter, Saturn und Mars zu tun, die Johannes Kepler für das Jahr 7 oder 6 vor unserer Zeitrechnung errechnet hat. Aber das ist ganz unsicher. Zweitens verdichtet Matthäus die historisch bezeugte Furcht des Herodes, durch seine eigene Dynastie gestürzt zu werden, sowie sein Bemühen, dem durch gezielte Morde zuvorzukommen,[57] zu einem Bethlehemer Kindermord, der so nie stattgefunden hat, aber das Motiv hergibt, das die kleine Familie fliehen läßt. Und warum nach Ägypten (Mt 2, 14), also unmäßig weit und in ein völlig fremdes Land? Fluchttechnisch ist das ganz unsinnig und theologisch völlig überladen. Jesus soll den Weg des Volkes Israel, seinen Gang nach und seinen Auszug aus Ägypten, noch einmal im Zeitraffer durchlaufen – und bei der Rückkehr in Nazareth ankommen. Das geht gedanklich über Stock und Stein. Sie kehren aus Ägypten zurück, weil Herodes gestorben ist, aber nicht etwa nach Judäa, denn auch der neue König dort ist furchterregend; stattdessen lassen sie sich ausgerechnet in Nazareth nieder, als sei das die nächstbeste Alternative.

57 Cf. Flavius Josephus, *Die Geschichte des jüdischen Krieges*, I, 22, 1, übersetzt von Heinrich Clementz, Fourier, Dreieich 1977, S. 75 ff.

Lukas geht umgekehrt vor. Jesu Mutter und ihr Mann sind in Naza-reth ansässig, und die höhere Fügung, die sie nach Bethlehem bringt, ist das Gebot des römischen Kaisers Augustus, »daß alle Welt sich schätzen ließe« (Lk 2, 1). Solch eine allgemeine Volks-zählung hat ebenfalls nie stattgefunden. Nachweisbar sind lediglich Steuererhebungen in einigen römischen Provinzen, so auch, »als Quirinius Statthalter in Syrien war« (Lk 2, 2), also etwa 6 n. Chr. Die Steuerpflichtigen wurden dabei in Listen erfaßt, damit »sich schätzen ließe«, welches Quantum an Abgaben man ihnen abpressen könnte. Aber das funktionierte nur, wenn die Registrierten blieben, wo sie waren, und gerade *nicht* »ein jeglicher in seine Stadt« (Lk 2, 3) reiste, aus der seine Familie stammte. Gleichwohl ergibt das Mär-chen von der allgemeinen Volkszählung und Abstammungsregistra-tur eine schöne Pointe. Augustus wird durch seinen allgewaltigen Befehl zum Erfüllungsgehilfen der Weissagung Michas und tritt unerkannt in den Dienst des wahren Weltenherrn, der in einer ärm-lichen Bethlehemer Stallecke zur Welt kommt.

Lukas weiß nichts von Magiern, Bethlehemer Kindermord und Flucht nach Ägypten, Matthäus nichts von Volkszählung und Hirten auf dem Felde. Beide Geschichten sind derart verschieden, daß sie einander nicht in die Quere kommen und sich daher wie eine einzige wahrnehmen lassen. Die Volkszählung bringt die Mutter Jesu und ihren Mann von Nazareth nach Bethlehem, dort wird Jesus geboren, dann flieht die Familie nach Ägypten, um von dort nach Nazareth zurückzukehren. Das ist der Weihnachtsplot. Alle Jahre wieder ergreift er den christlichen Kulturkreis; alle historische Kritik ver-stummt, und kirchliche Würdenträger, Journalisten und Nachrich-tensprecher reden von der »Bethlehemer Geburtskirche«, als ver-danke sie ihren Namen einem verbrieften Faktum.

Bemerkenswert, wieviel Phantasie der Störfaktor Nazareth ent-bunden hat. Das deutet darauf hin, daß er weit irritierender war, als man ihm auf den ersten Blick ansieht. Sogar zur Erfindung von Stammbäumen Jesu hat er Matthäus (1, 1–17) und Lukas (3, 23–38) stimuliert. Deren Ausgangspunkt ist der Mann der Mutter Jesu.

Daß er Joseph hieß und sie Maria, ist nicht sinnvoll zu bezweifeln; warum sollte es erfunden sein? Die Ahnenreihe hingegen, die von ihm aus bis zu David und dann weiter bis zu Abraham, bei Lukas gar bis zu Adam führt, ist halsbrecherisch. Da sind ein paar prominente Namensfolgen aus dem Alten Testament abgeschrieben und die übrigen hemmungslos hinzuerfunden worden. Das Ganze entbehrt zudem nicht unfreiwilliger Komik. Was soll eine aufwendige Ahnentafel, die den armen Joseph zu einem späten Nachkommen Davids hochschwindelt, wenn er gar nicht der Vater Jesu war?

Davon gehen Matthäus und Lukas jedenfalls einmütig aus, und es gibt ein Indiz dafür, daß es stimmen könnte: die Geschichte, wie Jesus als erwachsener Mann in seine »Vaterstadt« Nazareth zurückkehrt. Ob er dort »in der Synagoge« auftrat, wie Markus (6, 2) behauptet, sei dahingestellt. Jedenfalls tat er etwas, was man früher von ihm nicht kannte: Er »fing an zu lehren«. »Woher hat der das«, fragen die Zuhörer. »Ist dieser nicht der Zimmermann, der Sohn der Maria?« (Mk 6, 3) »Zimmermann« ist so ähnlich wie »Nazareth«; an sich weder schmeichelhaft noch ehrenrührig, aber einem Christus völlig unangemessen. Für das Christentum wird die Wortkombination »Zimmermann Jesus« zum Störfaktor. Sie war es offenbar aber schon vorher. Wenn einer, den man von früher als Zimmermann kannte, nun mit einer theologischen Lehre zurückkehrt, die man keinem bekannten Schema zuordnen kann, dann wird »Zimmermann« zu einem Einwand gegen diese Lehre. Er soll bei seinem Leisten bleiben und nicht so überspannt daherreden.

Der zweite Teil der Frage enthält allerdings eine noch heiklere Wortkombination: »der Sohn der Maria«. Wer im antiken Judentum, wo nur die väterliche Abstammungslinie zählt, durch den Namen seiner Mutter identifiziert wird, wird als Bastard stigmatisiert. Er hat keinen legitimen Vater und damit eigentlich kein Zuhause, oder, wie der nächste Vers Jesus sogleich sagen läßt, er ist »verachtet«: »in seiner Vaterstadt, bei seinen Verwandten und in seinem Haus« (Mk 6, 4). Das hat die Redaktion (Markus oder seine Quelle) nicht erfunden. Umgekehrt: Sie hat Jesu bittere Worte mit dem entschärfenden Satzanfang »Ein Prophet ist nirgends verachtet außer...« versehen und dabei dreifach beschönigt: Eigentlich ist der Zimmermann ja Prophet. Zudem ergeht es ihm in seiner Heimatstadt nicht anders als allen andern Propheten in ihrer.[58] Und außerhalb Nazareths ist er überall willkommen. Ein Musterbeispiel für Redaktionskosmetik. Ähnliches widerfuhr der Episode vom ersten Massenauflauf um Jesu Person. »Und er ging in ein Haus, und das Volk kam abermals zusammen, so daß sie nicht einmal Speise zu sich nehmen konnten. Als die Seinen das hörten, gingen sie aus, um sich seiner zu bemächtigen, denn sie sagten: Er ist von Sinnen.« (Mk 3, 20 f.) Christen hatten keinerlei Anlaß, das zu erfinden, aber einigen, es zu übertünchen. Prompt erzählt die Redaktion diese Szene wenig später noch einmal in einer gemilderten Version, in der »seine Mutter und seine Brüder« »draußen standen« und »ihn rufen ließen«, während seine schroffe Gegenfrage »Wer sind meine Mutter und meine Brüder?« sich in einen frommen Gemeinplatz auflöst: »Wer den Willen Gottes tut, der ist mir Bruder und Schwester und Mutter.« (Mk 3, 31; 33; 35)

In Mk 6 hat die Formel »der Sohn der Maria« zweifellos verächtlichen Klang. Aber ist er auch der ursprüngliche? Man kann auch auf ganz anderm Wege zu dieser Formel gelangen: durch theologische Deduktion. »Gestorben für unsere Sünden« – das konnte nur unter der Bedingung funktionieren, daß Jesus selbst »von keiner Sünde wußte« (2Kor 5, 21). Andernfalls wäre er lediglich für seine eigenen Sünden gestorben. »Denn der Tod ist der Sünde Sold.« (Röm 6, 23) Wie aber konnte Jesus sündlos sein, wenn doch alle menschliche Fortpflanzung im Bann der Sünde Adams stand, durch den Sünde und Tod »auf alle Menschen übergegangen« (Röm 5, 12) waren? Nur wenn der Frau, die Jesus austrug, ein übermenschlicher

---

58 Diese Verallgemeinerung hat spätestens der Islam glanzvoll widerlegt. Ähnlich unrühmlich wie der Zimmermann Jesus Nazareth dürfte der Kaufmann Mohammed Mekka verlassen haben. Aber seine Rückkehr dorthin als Prophet war triumphal: nichts Geringeres als die Einsetzung des Islam, die ihn allererst zum Propheten machte.

Same eingepflanzt worden war. »Der heilige Geist wird über dich kommen und die Kraft des Höchsten wird dich überschatten«, sagt Lukas (1, 35) poetisch. Im Credo heißt es später knapp und prosaisch: »empfangen vom heiligen Geist, geboren von der Jungfrau Maria«.

Früher oder später verlangte der Glaube an den Opfertod Jesu auch den an seine jungfräuliche Geburt.[59] Die Formel »der Sohn der Maria« zeigt das an. Aber wie, wenn sie, gleich einem mehrfach determinierten Traumelement, auf verschiedene Kontexte verwiese, nicht nur auf die Opfertodphantasie, sondern auch auf ein bedrückkendes Erinnerungsstück, das die Jünger unverdaut mit sich herumschleppten und das sie erst im Windschatten der Opfertodlehre überhaupt zu artikulieren wagten: daß Marias Erstgeborener tatsächlich ein uneheliches, in die Ehe mit Joseph bereits mitgebrachtes Kind war? Nehmen wir einmal an, es war so. Dann würde nicht nur bestechend plausibel, warum Jesus »im eigenen Hause verachtet« war, sowohl von seinem Ziehvater Joseph als auch von seinen Halbgeschwistern, die ihn als Fremdkörper empfanden. Es käme womöglich sogar das Motiv zum Vorschein, das den »Herrenbruder Jakobus« später zur christlichen Gemeinde trieb: daß auch er seinem Halbbruder eine Schuld zu begleichen hatte – nicht weil er ihm abtrünnig geworden war wie die Jünger, sondern umgekehrt, weil er ihn durch Ächtung seiner Familie abtrünnig gemacht hatte, indem er, der älteste legitime Sohn des Hauses, den ältesten leiblichen Sohn seiner Mutter daraus verstieß. Letzteres läßt sich natürlich nicht beweisen. Zur Not kann Jesus auch als legitimer Sohn Josephs ein solcher Sonderling gewesen sein, daß er im eigenen Hause verachtet war; die Bezeichnung »Sohn der Maria« wäre dann zunächst allein aus der Opfertodtheologie herausgesponnen und erst danach in die Nazareth-Episode zurückprojiziert und hämischen Dorfbewohnern so in den Mund gelegt worden, als schän-

---

59 Jene Christentumsmodernisierer, die das »geboren von der Jungfrau Maria« gern aus dem Credo streichen, alles andere aber hübsch beibehalten möchten, machen die Rechnung ohne den Wirt.

deten sie gleichsam den Glauben an die Jungfrauengeburt, indem sie Jesu gestörtes Verhältnis zu seiner Heimatstadt und Familie einem Fehltritt Marias zuschrieben. Doch wie muß man sich verrenken, um so zu argumentieren. Psychologisch spricht weit mehr für die Bastard-These als dagegen.[60]

Was von Nazareth bleibt, sind die Mutter Maria und ihr Mann Joseph; die (Halb?)brüder Jakobus, Joses, Judas und Simon samt einigen namentlich nicht genannten Schwestern; das Zerwürfnis mit der Familie, das Jesus dazu brachte, den Ort zu verlassen; und die Berufsbezeichnung »Zimmermann«. Zimmerleute lernten damals nicht Lesen und Schreiben, und es gibt keinen seriösen Beleg dafür, daß es bei Jesus anders gewesen sein könnte. Woher er seine Bildung hatte? Gewöhnlich empfing man sie damals in Elternhaus und Synagoge. Aber ob der Verachtete im Elternhaus viel lernen konnte, ob Nazareth eine Synagoge mit irgend nennenswerter Lehrkapazität besaß, entzieht sich unserer Kenntnis. Kindheit und Jugend Jesu sind fast völlig in Dunkel gehüllt, und was die Evangelien über das hier Zusammengetragene hinaus zum Besten geben, sind allesamt nachträgliche, auferstehungskonform gestaltete Legenden.

Johannes der Täufer

Er trat »in der Wüste« auf, »bekleidet mit Kamelhaaren und einem ledernen Gürtel um seine Hüfte«, »aß Heuschrecken und wilden Honig«, »verkündigte die Taufe der Umkehr zur Vergebung der Sünden« und taufte »im Jordanfluß« (Mk 1, 4–6). So viel darf als historisch sicher gelten. Zudem muß er beträchtlichen Zulauf gehabt haben. Wenn auch gewiß nicht »das ganze jüdische Land und alle Jerusalemer« zu ihm hinauszogen, wie Mk 1, 5 behauptet, so ist diese Übertreibung doch ein starkes Indiz dafür, daß aus allen Volksschichten Leute kamen, auch aus der Oberschicht. »Umkehr«

---

60 So auch Gerd Lüdemann, *Jesus nach 2000 Jahren*, l. c., S. 58 ff., 879

nahm er offenbar ganz wörtlich, nicht nur mental als Buße, sondern auch geographisch als Rückkehr in jenen Wüstenstatus, in dem Israel einst von Mose das Gesetz empfing und seiner Bestimmung entgegengeführt wurde. Auch kulturell versetzte er sich in die Wüste zurück und nahm die Kleidung und Nahrung von Jägern und Sammlern an – reduziert auf ein asketisches Minimum. Umkehr bedeutete somit auch Abkehr von Jerusalem, vom Tempel, ja überhaupt von der Seßhaftigkeit als dem Status, der Israels authentische Gesetzestreue der Wüstenzeit korrumpiert hatte. Nicht das im Tempel verwendete Reinigungswasser sollte läutern, sondern der natürliche Fluß in der Wildnis.

Es ist viel gemutmaßt worden, ob Johannes in Verbindung zur Gemeinde von Qumran stand. Auch sie war »umgekehrt«, hatte sich wie er vom Jerusalemer Tempel abgekehrt und »in die Wüste« am Toten Meer zurückgezogen, nicht weit von jener Jordangegend, wo er aufgetreten sein dürfte, begnügte sich allerdings nicht mit einem sporadischen Reinigungsbad, sondern hatte ihr ganzes Leben unter eine Gemeinderegel gestellt, die in ihrer Strenge das Kultgesetz des Tempels weit übertraf und die wahre, gottgefällige Gesetzestreue dokumentieren sollte.[61] Doch es ist nichts über Johannes' Verhältnis zu Qumran bekannt. Gut möglich, aber keineswegs zwingend, daß er etwas damit zu tun hatte. Es gab zur Zeit Jesu verschiedene Umkehrbewegungen, teils unabhängig voneinander, teils verfeindet, nur selten einander wohlgesonnen. Ihr gemeinsamer Nenner war kaum mehr als ihr gemeinsamer Feind, und dieser Feind war zu groß, um sich in einheitlicher Gestalt zu zeigen. Seit Pompeius 63 v. Chr. den Tempelberg Jerusalems erobert und mit heidnischen Füßen das Allerheiligste betreten hatte, hielt Rom die Oberherrschaft über Palästina. Eigentlich waren die Juden fremde Herren ja gewohnt. Assyrer, Babylonier, Perser, Makedonier, Seleukiden – sie alle hatten gleichsam der Reihe nach Palästina unter-

---

61 Cf. *Die Texte aus Qumran*, herausgegeben von Eduard Lohse, Wissenschaftliche Buchgesellschaft 1981

worfen. Aber mit den Römern hatte die Fremdherrschaft eine neue Dimension angenommen. Hier war eine Macht erstanden, die alle drei bekannten Erdteile, Europa, Afrika, Asien, also gewissermaßen »den Erdkreis in ihrer Gewalt«[62] hielt und zudem der Herrschaft eine neue Stabilität verlieh, sie überhaupt erst wirklich zu einem System ausbaute. Ihr Kunstgriff dabei war, die Herrschaft gar nicht immer und überall unmittelbar selbst auszuüben, sondern sie oft auch gezielt ausüben zu *lassen*, so in Judäa zunächst durch die Dynastie des prunksüchtigen Herodes, ehe das Land in eine römische Provinz verwandelt und sein Landbesitz regelrecht versteigert wurde – an Hasmonäer, Sadduzäer und wer sonst noch reich und mächtig genug war, es zu kaufen und maximalen Tribut für die Römer herauszupressen. Das römische Weltreich lebte auch in Palästina von einem raffinierten Kollaborationssystem, und für die darunter leidende Bevölkerung war schwer zu unterscheiden, was schlimmer war: die Römer selbst oder die Bereitschaft von Angehörigen des eigenen Volkes, als Grundbesitzer und Großhändler, als Zöllner und Eintreiber, ja sogar als Priester mit den Römern zusammenzuarbeiten.

Denn auch vor dem Allerheiligsten machte das neue System nicht Halt. Immer wieder war es der Jerusalemer Tempel, an dem sich die Konflikte des von Josephus so eindrücklich beschriebenen Jüdischen Krieges entzündeten. Die Juden hatten sich vital dagegen aufgebäumt, daß Bilder der römischen Kaiser in ihrem Tempel aufgestellt wurden, und tatsächlich, die Römer ließen davon ab. Auf einem jedoch bestanden sie: im Tempel »täglich zweimal ein Opfer für den Caesar und das römische Volk«[63] darzubringen – auf römische Staatskosten. Die Priesterschaft war darauf eingegangen und schlug sogar den Widerstand aus dem eigenen Volk dagegen nieder. Nur so glaubte sie verhindern zu können, daß die Römer den ganzen Tempel in Schutt und Asche legten, und schrieb sich ihr Verhalten als Frömmigkeit gut. Gewiß war es eine Tempelerhaltungsmaßnah-

---

62 Flavius Josephus, l. c., II, 16, 4; S. 176
63 L. c., II, 9, 4; S.153

me und politisch klug, trotzdem jedoch eine dauerhafte, den Nerv der jüdischen Identität jeden Tag aufs Neue berührende Schmach. Das Opferfeuer, das im Jerusalemer Tempel für den römischen Kaiser brannte, dürfte denn auch der eigentliche Herd jener Naherwartung sein, die zur Zeit Jesu in ganz Palästina umging. Dafür spricht auch, daß mit der Zerstörung des Tempels 70 n. Chr. diese Naherwartung nicht etwa einen neuen Schub bekam, sondern zu erlöschen begann. Einmal noch flammte sie heftig auf: im Aufstand des Bar Kochba um 135 n. Chr. Aber im wesentlichen war sie, für Juden wie für Christen, ausgebrannt. Mit dem Tempel war auch jene Demütigung verschwunden, die sich schwerer ertragen ließ als seine Zerstörung, weil sie zudem auch noch eigene Schuld war. Gewiß, gegen die Römer war kein Kraut gewachsen. Ihr Imperium wirkte so überwältigend, als wäre es die Weltordnung selbst. Aber mit eben dieser Weltordnung hatten sich die Juden durchs Kaiseropfer verschworen – und dadurch, wie sie es auch drehten und wendeten, gegen das erste Gebot verstoßen: »Du sollst keine andern Götter neben mir haben.« (Ex 20, 3)

Umkehr zum ersten Gebot hieß Rückkehr zur vollen Gesetzesstrenge und Abkehr von jeder Kollaboration mit fremden Göttern. Der Name der Pharisäer ist dafür programmatisch: »die Abgesonderten«. Auch die Essener (»die Frommen«) sonderten sich ab, nicht nur von der priesterlichen Tempelhierarchie, sondern auch von Jerusalem. Teils verstreuten sie sich in Judäa, teils sammelten sie sich in Qumran zu einer eigenen Gemeinschaft. Bei Johannes dem Täufer ist die Wüste zum Inbegriff der Absonderung geworden. All diesen Absonderungen ist eines gemeinsam: Sie sind Platzhalter der geschändeten Heiligkeit des Tempels. Sie geben ihr einen Ort. In der Gesetzesstrenge der Abgesonderten ist sie aufbewahrt und die Wende zu ihrer Wiederherstellung eingeleitet. Das Ende der Kollaboration mit Rom ist der erste Schritt zum Ende der herrschenden Weltordnung. Weil aber nirgends eine irdische Macht in Sicht ist, die dem römischen Reich ein Ende machen könnte, vermag es allein die überirdische: das Reich Gottes. Und wenn die göttliche Majestät es nicht selbst bringt, weil sie sogar dazu noch zu heilig ist, dann muß ihr finaler Gesandter, der Gesalbte aus dem Stamm Davids es tun, oder ein ihm ähnlicher »Starker«, der in einigen apokalyptischen Schriften »Menschensohn« (Henoch 48, 2) heißt und mit übermenschlicher rettender Kraft daherkommen soll.

So etwa stellt sich die Logik jener apokalyptischen Naherwartung dar, in deren Kraftfeld Jesus hineingewachsen ist. Als ihr erster greifbarer Kristallisationspunkt zeigt sich Johannes der Täufer. Er ist eine unzweifelhaft historische Figur, wird auch bei Josephus in den *Jüdischen Altertümern* (XVIII, 5, 2) erwähnt und kann schon deswegen keine Erfindung der Evangelisten sein, weil sie einräumen müssen, daß Jesus sein Täufling war. Kaum etwas hätte störender sein können. Wer sich einem Reinigungsritus unterzieht, der erklärtermaßen »zur Vergebung der Sünden« stattfindet, kann der so sündlos sein, wie die Opfertodlehre es von Jesus verlangte? Wenn sich also nicht leugnen ließ, daß Jesus von Johannes getauft worden war, so mußte zumindest geleugnet werden, daß er die Taufe nötig hatte. »*Ich* bedarf dessen, daß ich von dir getauft werde, und du kommst zu mir?« läßt Matthäus den Täufer sagen und legt Jesus eine ebenso fadenscheinige wie nebulöse Antwort in den Mund: »Laß jetzt; denn so gebührt es uns, alle Gerechtigkeit zu erfüllen.« (Mt 3, 14 f.) Bei Markus kommt dieser Wortwechsel noch nicht vor. Hier ist die Taufe Jesu zu einem bloßen Vorspiel herabgesetzt; das Eigentliche kommt danach. »Als er aus dem Wasser trat, sah er die Himmel geöffnet und den Geist wie eine Taube auf sich herabsteigen, und eine Stimme erscholl aus den Himmeln: Du bist mein lieber Sohn, an dem ich Wohlgefallen habe« (Mk 1, 10 f.). Jesus entsteigt nach dieser Version dem Taufbad nicht etwa als von seinen Sünden gereinigter Johannesjünger, sondern um als Sohn Gottes offenbar zu werden. Die »Stimme aus den Himmeln« beglaubigt nicht die Taufe; sie entrückt den frisch Getauften dem Wirkungskreis des Täufers. Hat sie nicht einen bemerkenswert feierlich-rituellen Klang? Rituelle Formeln aber kommen nicht aus dem Himmel.

Sie bilden sich in irdischen Gemeinschaften und orientieren sich an Vorbildern. So auch hier. »Siehe mein Auserwählter, an dem meine Seele Wohlgefallen hat. Ich habe meinen Geist auf ihn gelegt«, heißt es im Jesaiabuch (42, 1). Christen hatten keinerlei Anlaß, diese Prophetenworte zu einer Taufformel zu verdichten. Sie tauften ihre Klientel *auf* Jesus – und vergegenwärtigten ihn dabei als Retter, nicht als Täufling. Viel näher liegt, daß die feierliche Stimme »aus den Himmeln« die Worte spricht, mit denen *Johannes* seine Täuflinge in den Jordan tauchte.

Schwerlich wird ja seine Taufe eine Kurzabfertigung gewesen sein: einmal untertauchen und dann adieu. Nach allem, was man von Reinigungsriten aus der damaligen Zeit weiß, dürfte der Taufakt der Schlußakt einer längeren Prozedur gewesen sein, in deren Verlauf die Taufkandidaten darauf eingeschworen wurden, was der Meister unter »Umkehr« verstand, so daß sie zu guter Letzt, wenn ihr feierliches Eintauchen in den Jordan ihre Umkehr besiegelte, durchaus zu »seinen lieben Söhnen« wurden. Es läßt sich natürlich nicht beweisen, daß Johannes genau diese Worte sprach. Aber selbst wenn nicht, so bringen sie zumindest auf den Punkt, was er *tat*. In jedem Fall nämlich war der Täufling buchstäblich *unter* dem Täufer, von ihm unterwiesen und untergetaucht, wenn nicht sein physisches, so doch sein geistiges Kind, was sich kaum prägnanter memorieren ließ als durch die Formel »mein geliebter Sohn, an dem ich Wohlgefallen habe«. Mk 1, 10 f. hat nichts anderes getan als sie in den Himmel zu versetzen. Die herabschwebende Taube läßt sich leicht als die Hand des den Täufling hinabdrückenden Täufers entschlüsseln, die ihm den »Geist« der Umkehr mit sprichwörtlicher Handgreiflichkeit mitteilt, und die Vision von Mk 1, 10 f. erweist sich als ganz nach der Logik eines Traumbilds konstruiert. Es verdichtet sich darin die Johannestaufe, die zudem in den Himmel verschoben und auch noch verleugnet wird. Nimmt man nun noch etwas hinzu, was alle drei Synoptiker zu verstehen geben, nämlich daß Jesus nicht *irgendein* Täufling war, so ist der Schluß kaum noch abzuweisen: Ja, er war in eminentem Maße Johannes' geistiges

Kind, sein »geliebter Sohn« nicht nur in rituellem, sondern auch in emotionalem Sinne, und das »Wohlgefallen«, das er an Jesus hatte, wird nicht einseitig gewesen sein.

Gibt es dafür einen Beleg? Keinen unmittelbaren, aber einen, der gerade deshalb so besticht, weil er so entlegen ist. Ausgerechnet das Johannesevangelium, das den historischen Jesus bis zur Unkenntlichkeit mit Legenden überzogen hat und auch den Täufer nur noch als seinen Vorläufer auftreten läßt, der ihn als Lamm bzw. Sohn Gottes »bezeugt« (Joh 1, 34), aber ihn nicht mehr tauft – ausgerechnet dieses Evangelium enthält ein Versatzstück, das wegen seiner Unmotiviertheit stutzen läßt. Gemeint ist die geheimnisvolle Rede vom Jünger, »den Jesus lieb hatte« (Joh 13, 23). Es gibt nicht die Spur einer Andeutung, warum er ihn liebte oder was an ihm liebenswert war. Nicht einmal sein Name fällt. Und doch wird am Schluß des Evangeliums in einem Nachtrag gesagt, er sei kein anderer als der Schreiber des Evangeliums (Joh 21, 24). So kommt sein Name im Text zwar nicht vor, aber er steht über dem ganzen Text: Johannes. Der »Lieblingsjünger Johannes«, der zudem auch noch der gleichnamige Evangelist gewesen sein soll, ist ein historisch ganz unglaubhaftes Konstrukt. Aber man muß es nur ein klein wenig verrücken, und schon gibt es etwas sehr Glaubhaftes preis: daß Jesus tatsächlich einen Johannes »geliebt« hat. Nur war der nicht sein Jünger, sondern sein Meister, der seinerseits »Wohlgefallen« an ihm hatte. Im »Lieblingsjünger Johannes« hat sich eine Deckerinnerung daran erhalten, daß Jesus einst »der Lieblingsjünger *des* Johannes« gewesen war – des Täufers.

Attraktion und Repulsion

Allmählich beginnt man zu erahnen, daß sich in Mk 1, 10 f. die ganze gemeinsame Geschichte von Johannes und Jesus zusammengeballt hat: sowohl die innige Zusammengehörigkeit beider als auch ihre Trennung. In welchem Alter Jesus zum Täufer kam, was ihn an dieser Kamelhaargestalt, dieser fleischgewordenen Umkehr in die

94

Wüste faszinierte, ob er in ihm die ersehnte Vaterfigur erblickte, die seine Kindheit ihm vorenthalten hatte, ob er in ihm womöglich den Erzieher fand, dem er seine gesamte Bildung verdankte: dies alles wissen wir nicht; ebensowenig, was die beiden schließlich entzweite. Nur daß die Trennung heftig gewesen sein muß, läßt sich noch erraten; denn offensichtlich hat sie im Kreise Jesu nicht aufgehört, Gesprächsstoff zu sein. »Unter allen von Frauen Geborenen ist kein Größerer erweckt worden als Johannes der Täufer«, heißt es in Mt 11, 11. Sollte irgend jemand aus der christlichen Gemeinde an der Erfindung dieses Satzes interessiert gewesen sein, der Johannes deutlich über Jesus stellt? Nein, hier hat sich ein weitgehend unzensiertes Erinnerungsstück an die Hochschätzung Jesu für Johannes erhalten, und wer hätte mehr Anlaß gehabt, sie auszudrücken, als der historische Jesus selbst? Der Satz klingt wie ein Nachruf, gesprochen, als der Jesuskreis vom Tode des Täufers erfuhr.

Die christliche Gemeinde hat diesen Reverenzerweis durch den blödsinnigen Nachsatz »Der Kleinste aber im Reich der Himmel ist größer als er« gezielt heruntergespielt. Nur keine Erinnerung daran aufkommen lassen, wie hoch Johannes für Jesus stand und wie hart die Trennung von ihm war. Und dennoch, erst durch diese Trennung wurde Jesus gewissermaßen er selbst: jemand mit einer eigenen Botschaft und Gefolgschaft. Umgekehrt heißt das: Das Eigene an Jesus erschließt sich nirgends schärfer als in seiner Abgrenzung vom Täufer. Wenn Markus Jesu Botschaft auf die Formel bringt »Die Zeit ist erfüllt und das Reich Gottes ist nahe herbeigekommen« (Mk 1, 14),[64] so tritt daran das Eigene noch kaum hervor. Johannes hätte genauso sprechen können, ja nach Matthäus tut er es fast: »Kehrt um, denn das Reich der Himmel ist nahe herbeigekommen.« (Mt 3, 2) Das klingt nicht unglaubwürdig, weil es die Originalität der Botschaft Jesu trübt, auch wenn wir nicht wissen, ob »Reich Gottes«

64 Die zweite Hälfte dieses Satzes »kehrt um und glaubt an das Evangelium« ist natürlich bereits christliche Redeweise, zurückprojiziert in den historischen Jesus, als hätte er bereits, gewissermaßen als Missionar seiner selbst, »das Evangelium« verkündet, das doch erst andere von ihm nach seinem Tod verbreiteten.

(oder »der Himmel«) ein fester Posten im Sprachgebrauch des Täufers war. Seine eigene Sprechweise ist wahrscheinlich eher in Mk 1, 7 aufbewahrt: »Es kommt nach mir der Stärkere, dem ich die Riemen seiner Sandalen zu lösen nicht würdig bin.« Selbstverständlich war mit dem »Stärkeren« nicht Jesus gemeint, sondern ein mächtiger Retter. Ob ein König, ein Gesalbter, ein Davidssproß, wird nicht gesagt; in jedem Fall aber einer, der das Reich Gottes bringt. Auf dessen Kommen wollte Johannes mit seiner Taufe vorbereiten. Womöglich hatte er die Vorstellung, der »Stärkere« werde in der Wüste erscheinen, sei dort würdig zu empfangen und dann zum Jerusalemer Tempel zu geleiten; wir wissen es nicht. Jedenfalls standen die Phantasien über den »Stärkeren« dafür, daß »das Reich Gottes nahe herbeigekommen« sei. Und das war die Grundüberzeugung, die Jesus in den Bann des Täufers zog und die er Zeit seines Lebens mit ihm geteilt hat. Nicht daran haben sie sich entzweit, sondern an der Frage, *wie* dieses Reich und sein Kommen zu verstehen seien.

Zwei Textstellen sind für diese Frage besonders aufschlußreich. Beide stehen bei Matthäus im Umkreis des oben erwähnten »Nachrufs«. Die eine ist schon deshalb glaubhaft, weil sie eine Außenperspektive hereinbringt: etwas, was Ungläubige über Jesus gesagt haben. Wo immer das geschieht, hat man es mit gravierenden Störfaktoren zu tun: mit Äußerungen, die als üble Nachrede erwiesen werden sollen, an denen aber fast immer etwas dran ist. So auch hier. »Johannes nämlich ist gekommen, aß nicht und trank nicht; und sie sagen: Er ist besessen. Der Menschensohn kam, ißt und trinkt; und sie sagen: Siehe, ein Fresser und Weinsäufer, ein Freund der Zöllner und Sünder.« (Mt 11, 18 f.) »Johannes aß und trank nicht« soll heißen: Er aß und trank so gut wie nichts. Es schwingt aber noch mehr mit: Er ernährte sich eigentlich nicht wie ein Mensch. Seine Umkehr ins Wüstendasein und sein Leben von Heuschrecken und wildem Honig muß manchen Jerusalemern wie die Rückkehr in einen vorkulturellen, animalischen Zustand vorgekommen sein: bedrohlich, unheimlich – als deutliches Anzeichen

für Besessenheit. Und Johannes' Lebensweise muß selbst für seine
Jünger hart gewesen sein. Wir wissen nicht, ob er auch von ihnen
verlangte, sich so zu ernähren wie er. Fest steht jedenfalls, daß Jesus
es nicht tat, jedenfalls nicht dauerhaft. Er »ißt und trinkt«, will
sagen, er nimmt nicht nur mehr zu sich als Johannes, sondern auch
qualitativ anderes: zubereitete Speisen und Wein. Seine Ernährung
hat damit nicht nur ein kulturelles Niveau, sondern auch einen
sozialen Aspekt. Mit Heuschrecken und wildem Honig kann man
schlecht gemeinsame Mahlzeiten zelebrieren. Jesu Ernährung wird
hingegen sogleich unter den Gesichtspunkt gestellt, *mit wem* er aß
und trank; offenbar auch mit Zöllnern und Sündern.

Man merkt, es geht hier nicht nur um Ernährungsfragen, auch
nicht nur um eine Option für oder gegen Askese. Die beiden verschiedenen Ernährungsweisen sind verschiedene Auslegungen dessen, was unter »Reich Gottes« zu verstehen sei. Wer in die Wüste
geht, von Heuschrecken und wildem Honig lebt und ein Reinigungsbad im Jordan zelebriert, demonstriert damit: »Rein« ist nur,
wer Israels korrupte Seßhaftigkeit, seinen Kompromiß mit fremden
Mächten und Göttern, ja mit der ganzen falschen Weltordnung auf-
kündigt. Nur Reine können Platzhalter des Reiches Gottes sein,
denn es ist selbst nichts anderes als die finale Reinigung. So wie die
Reinen sich von der falschen Welt absondern mußten, wird das
Reich Gottes die falsche Welt von den Reinen absondern, aller
Gesetzlosigkeit ein Ende machen und sich gewissermaßen als end-
zeitliche Installation des ersten Gebots etablieren: »Du sollst keine
andern Götter neben mir haben.«

Wann und warum Jesus diese Auffassung nicht mehr mittragen
wollte und was seine Trennung vom Täufer einleitete, wissen wir
nicht. Aber wenn es stimmt, daß »der Geist«, der in Gestalt einer
Taube auf Jesus herabgeschwebt sein soll, eine Chiffre für die tau-
fende Hand des Johannes ist, dann spricht viel dafür, daß »der
Geist«, der Jesus danach »sogleich in die Wüste treibt« (Mk 1, 12),
für die vertreibende Hand des Täufer steht, daß Jesus also aus dem
Täuferkreis in die Wüste *verstoßen* wurde. »Und er war bei den

Tieren«, fügt Markus (1, 13) lakonisch hinzu; gewiß nicht zu idyllischer Zwiesprache, sondern auf Leben und Tod: nicht nur freiwillig und symbolisch in die Wüste zurückversetzt wie der Täuferkreis, sondern ihrer Naturgewalt so ausgesetzt, daß sein Leben nur noch ein Vegetieren war.

Damit ist die Tierassoziation allerdings noch nicht erschöpft. Wer war es doch, der nach einem alten Ritual (Lev 16, 21 ff.) von der Gemeinschaft verstoßen und in die Wüste getrieben wurde? Der Sündenbock. Wie, wenn Jesus bei seiner Verstoßung feierlich zu einem solchen degradiert worden war; wenn er so mit dem Täufer kollidiert war, daß er seinerseits verstoßen werden mußte und dabei all die Verhaltensweisen und Gedanken, mit denen er die Täufergemeinschaft verunreinigt hatte, gleichsam mitnehmen sollte? Dann wäre die Legende, die das Johannesevangelium von der ersten Begegnung zwischen dem Täufer und Jesus erzählt, neu zu entziffern: »Am nächsten Tag sieht er, daß Jesus zu ihm kommt, und sagt: Siehe, das Lamm Gottes, das die Sünde der Welt wegträgt« (1, 29). Das klingt zunächst ganz vertraut. Schon Paulus nennt Christus einmal »das für uns geopferte Passahlamm« (1 Kor 5, 7). Der Evangelist scheint diese Redewendung lediglich aufzugreifen und dem Täufer nachträglich in den Mund zu legen, als hätte er Jesus bereits beim ersten Anblick seinen bevorstehenden Opfergang für »die Sünde der Welt« prophetisch angesehen. Stutzig macht jedoch die Formulierung, daß das Lamm die Sünde »wegträgt«. Das Passahlamm wird geschlachtet, aber es trägt nichts weg. Sünde wegtragen ist die Funktion des Sündenbocks. Das Brisante an diesem scheinbar so unspektakulären Satz ist, daß er die Erinnerung an das Tun des Sündenbocks erhalten, seine Gestalt hingegen mit der des Lamms überdeckt hat. »Siehe, das Lamm Gottes, das die Sünde der Welt wegträgt« erweist sich damit als doppelt codierte Formulierung: einerseits als christliche Sühnopfertheologie *avant la lettre*, andrerseits als Chiffre für »Siehe, da geht er hin, der Sündenbock«. Zwei konträre Motive werden durch den Kunstgriff einer doppelten zeitlichen Verschiebung so übereinandergelegt, daß sie sich zu einem einzigen, überdeterminierten Satz verdichten. Das ist Traumarbeit *comme il faut*. Was erst beim *letzten* Kontakt zwischen Johannes und Jesus geschah, ist auf die *erste* Begegnung beider zurückdatiert; das tatsächlich Geschehene hingegen, die Degradierung Jesu zum Sündenbock und seine Vertreibung in die Wüste, ist durch das Deckwort »Lamm« in die Zukunft projiziert und als prophetische Vorausschau auf Jesu Opfertod eingekleidet. Und der Täufer steht da, als könne er kein Wässerchen trüben, als füge er sich nahtlos in die christliche Heilsgeschichte ein, als sei er nie etwas anderes gewesen als das, was er fürs Christentum einzig sein durfte: jener überlange Zeigefinger auf Jesus hin, mit dem er auf Matthias Grünewalds berühmtem Kreuzigungsbild gemalt ist.

Es sieht ganz danach aus, als sei die Legende von Joh 1, 29 nach allen Regeln der Traumbildung aus einem furchtbaren Erinnerungsrest hervorgegangen. Träume »lügen«. Sie sagen nicht, wie es eigentlich gewesen ist. Aber wenn man den »Tagesrest« zu fassen bekommt, der sie in Gang setzte, hat man es mit historisch Zuverlässigstem zu tun. Daher spricht alles dafür, daß Jesu Weggang vom Täufer, den Markus als ein Getriebenwerden in die Wüste darstellt, tatsächlich eine Vertreibung war. Von ihr aus wird übrigens schlagartig klar, warum Jesus den langen Schatten des Täufers zeitlebens nicht los wurde. Er fühlte den Fluch der Verstoßung zu Unrecht auf sich lasten. Aber der Fluch war da. Jesus teilte selbstverständlich die allgemein verbreitete magische Auffassung, daß ein Fluch mehr sei als nur ein Wort: eine Unheilsmacht, die durch Aussprechen in die Welt gesetzt wird und sich als ein furchtbares Gewicht auf den legt, dem sie gilt, egal, ob zu Recht oder zu Unrecht. Jesus mußte Johannes, sich und aller Welt beweisen, daß er unschuldig im Sinne der Anklage war. Argumente reichten dafür nicht aus. Es galt, einen Fluch abzutragen. Der Unschuldsbeweis mußte die Form einer demonstrativen Entsühnung annehmen.

Zumindest einige der Jünger Jesu müssen eine vage Erinnerung daran gehabt haben, wer »der Geist« war, der ihren Herrn einst in die Wüste trieb, aber sie hüllten ihre persönliche Erinnerung daran

99

in eine Kollektiverinnerung ihres Volkes, stülpten über Jesu Wüstenzeit die angeblich vierzigjährige Wüstenzeit Israels beim Auszug aus Ägypten, als hätte er sie im Zeitraffer noch einmal durchgemacht, und dampften das Ganze auf zwei Sätze ein: »Und er wurde in der Wüste vom Satan vierzig Tage versucht«; »und die Engel dienten ihm« (Mk 1, 13). Das ist die nachträgliche Sprachregelung dafür, daß das Verstoßensein in die Wüste eine grauenhafte Prüfung war, die Jesus nur mit viel Glück (Engelhilfe) überstand. Und erst nachdem er, ihr entronnen, nach Galiläa zurückkehrte, begann die Phase seines eigenen Auftretens: jener »Beweis«, der sein ganzes weiteres Leben ausmachte, ihn im Lande umtrieb und ihn nötigte, jene demonstrative Existenz zu führen, die seinen Jüngern unvergeßlich werden sollte.

Mahlzeiten

Leute, die sich von andern abspalten, heißen Sektierer. Der Täufer hatte sich vom Jerusalemer Tempelkult abgesondert. Jesus wiederum war eine Absonderung des Täufers, soziologisch betrachtet also der Sektierer eines Sektierers. Doch hatte es mit seiner Absonderung noch eine andere Bewandtnis. Als er nach Galiläa zurückkehrte, kehrte er von der Umkehr in die Wüste um. Nicht in dem Sinne, daß er das Rad seines Lebenslaufs zurückdrehen und wieder genauso sein wollte wie zuvor. Im Gegenteil, er trat als ein anderer auf und war den Bewohnern seines Heimatorts auf skandalöse Weise fremd geworden. Sie konnten freilich nicht ermessen, wie weit diese Fremdheit reichte. Der aus dem Täuferkreis Verstoßene stand nämlich im Begriff, seine Isolation selbst noch einmal zu potenzieren. Er versuchte über die furchtbare Erfahrung der Verstoßung hinwegzukommen, indem er sie auf ungeheure Weise bejahte und überbot. *Nur* vom Täufer abgesondert zu sein, war zu wenig; es galt, sich von *aller* Absonderung abzusondern. Weg von allen Sektierern, weg von der Absonderung selbst. Deren Logik aber war der gemeinsame Nenner aller andern Sektierer. Pharisäer, Essener und Täuferkreis

100

wetteiferten gleichsam darum, wie man sich von der Gemeinschaft mit den fremden Göttern am angemessensten abzusondern hätte. Anders gesagt: Sie stimmten darin überein, daß die Logik der Absonderung auch die Logik des Reiches Gottes sei. Dachten sie sich dessen Kommen doch als die triumphale Endabsonderung, die die Gottlosen so niederwerfen und die Frommen so erhöhen werde, daß letztere auf ewig für alles erlittene Unrecht entschädigt sein würden. Diesen Konsens aber kündigte Jesus auf, als er begann, auf bestimmte demonstrative Weise zu essen und zu trinken, nämlich sowohl mit Wein als auch mit »Zöllnern und Sündern«.

Moderne Theologen versuchen das Christentum gelegentlich bei jungen Leuten beliebt zu machen, indem sie Jesus als eine Frohnatur schildern, die gern ausgelassen feierte und sich nicht scheute, zu ihren Parties gelegentlich auch Ausgegrenzte einzuladen. Zöllner und Sünder verwandeln sich dann schnell in Arbeitslose und Prostituierte, und Jesus erscheint wie der nette Sozialarbeiter vom Kiez. Das ist völlig anachronistisch, ohne jeden historischen Sinn für die rituelle Strenge der jüdischen Tischgemeinschaft. Ihr Parameter ist das Passahmahl, zu dessen Beginn der Hausherr das Brot brach und an dessen Ende der Weinkelch umging. Gastmähler, Festmähler, so üppig es bei ihnen gelegentlich auch zugegangen sein mag, entfalteten sich innerhalb dieser rituellen Koordinaten, und wenn Jesus »Fresser und Weinsäufer« genannt worden ist – ein gewiß nicht von Christen erfundener Vorwurf –, dann deshalb, weil er aus Sicht gesetzesstrenger Juden diese Koordinaten mißachtete. Er entweihte die Tischgemeinschaft, nicht nur durch die Art der Nahrungsaufnahme, sondern auch durch die soziale Zusammensetzung. Was waren denn Zöllner? Ein Berufsstand, den die Ptolemäer eingerichtet und alle folgenden Herrscher in Palästina dankend übernommen und kultiviert hatten. Steuerpächter nennt man sie vielleicht besser. Sie reisten im Dienst der Herrschaft umher, drangen bis in jedes Dorf vor, verlangten für jedes Stück Land, jede Viehherde, jede Getreideanhäufung eine Abgabe und durften sich von allem, was sie höheren Orts ablieferten, eine fette Provision nehmen.[65]

Zöllner waren Juden, die ihr eigenes Volk für die Fremdherrschaft ausspionierten und aussaugten. Sie waren unter den Kollaborateuren mit fremden Mächten und Göttern die widerwärtigsten. »Zöllner und Sünder« hieß so viel wie Zöllner und all die anderen Kollaborateure. Es gab gute moralische Gründe, sich mit solchen Leuten nicht an einen Tisch zu setzen. Sie waren in einem andern Sinn anrüchig als Bettler und Prostituierte. Wenn man schon nach modernen Vergleichen dafür sucht, dann eher bei der Mafia oder bei der Gestapo als beim Lumpenproletariat oder im Rotlichtmilieu.

Man beginnt den Skandal zu ermessen, der in der Formel »Zöllner und Sünder« steckt. Sie paßt gerade nicht in karitative oder sozialistische Schemata, zeigt vielmehr an, daß Jesus sich mit Kollaborateuren schlimmster Sorte gemein gemacht hat. Seine Tischgemeinschaft mit ihnen, unterstrichen durch ausgiebigen, vielleicht gar ausgelassenen Speisen- und Weingenuß, rührte nicht minder an den Nerv jüdischer Identität als die Kollaboration selbst, nur gleichsam vom andern Ende her. Der Skandal war nicht, daß Jesus zum Handlanger von Zöllnern wurde, sondern daß er ihre Berufstätigkeit auf demonstrative, ja geradezu rituelle Weise ignorierte – und damit dem Reich Gottes eine unerhört kühne Auslegung gab. So, wie er jetzt die Kollaboration ignorierte, würde auch das Reich Gottes sie ignorieren, wenn es käme. Es würde Zöllnern und Sündern ihr schäbiges Tun nicht nachrechnen, sondern über sie kommen und ihm ein Ende machen. Alle Kollaboration und Absonderung würden aufhören – ein für gesetzesstrenge Juden schlechterdings unmöglicher Gedanke. Wo keine Absonderung mehr, da kein Heiliges mehr; ja, das Heilige ist die Absonderung *par excellence*: das war die unverbrüchliche Plattform des ersten Gebots, der gemeinsame Nenner der Pharisäer, der Essener, des Täufers und aller, denen es noch irgend ernst mit dem Gesetz war. Und nun suggerierte ein hergelaufener Sonderling durch die Art und Weise, wie er Mahlgemeinschaften zelebrierte, daß das Reich Gottes nicht die

65 Cf. Martin Hengel, *Gewalt und Gewaltlosigkeit*. Zur »politischen Theologie« in neutestamentlicher Zeit, Calwer, Stuttgart 1971, S. 13

Endabsonderung sein werde, sondern das Ende aller Absonderung. Damit sonderte sich der Jude Jesus von einem jüdischen Grundkonsens ab. Das Reich Gottes, wie es ihm vorschwebte, war derart anders, daß es nicht einmal mehr heilig war. Nur durch demonstrative Profanierung heiliger Riten wurde erahnbar, was es sein könnte.

Die Formulierung »Fresser und Weinsäufer, Freund der Zöllner und Sünder« läßt kaum einen Zweifel daran, daß Jesus mehrmals, vielleicht sogar häufig solche anstößigen Tischgemeinschaften abgehalten hat. Wer aber gab ihm die Mittel dafür? Aus der Wüste wird er kaum mehr mitgebracht haben als das nackte Leben, in Galiläa hatte er »nicht, wo er sein Haupt hinlege« (Mt 8, 20). Tisch, Speisen und Wein müssen ihm also Vermögende zur Verfügung gestellt haben, wie etwa der Zöllner Levi, in dessen Haus er nach Mk 2, 13 ff. erstmals ein solches Festmahl zelebriert haben soll. Gut möglich, daß so mancher Kollaborateur Jesus nicht ungern sein Haus öffnete, wenn ihm dafür die Teilnahme an einer rituellen Tischgemeinschaft geboten wurde, von der die Gesetzesstrengen ihn ausschlossen. Allerdings drohte damit sogleich ein profundes Mißverständnis. Was für Jesus eine Demonstration des Reiches Gottes war, war für den Hausbesitzer womöglich nicht mehr als ein Kuhhandel. Daß der Zöllner Levi Jesus »nachfolgte«, wie Mk 2, 14 suggeriert, ist denn auch nicht sehr glaubhaft und sieht ganz wie eine Chiffre für das Umgekehrte aus: daß Jesus Levi »nachfolgte«, nämlich in dessen Haus, woselbst er im nächsten Vers (2, 15) denn auch mit seinen Jüngern zu Tische liegt. Daß sich der Name Levi erhalten und mit der Assoziation »Nachfolge« verbunden hat, ist wahrscheinlich so zu lesen, daß bei besagtem Levi, dem Jesus in sein Haus gefolgt war, jene Mahlzeiten ihren Anfang nahmen, die ihrem Begründer den Titel »Fresser und Säufer, Freund der Zöllner und Sünder« einbrachten.

Darin steckt noch ein weiterer Fingerzeig. Wie im ersten Kapitel ausgeführt, haben die Jünger später ihren Glauben, Jesus als auferstanden »gesehen« zu haben, an den Ritus des Brotbrechens geknüpft, den er offenbar auf einzigartige Weise vollzog. Was daran so einzigartig war, verschweigen die Quellen. Dafür lassen sie erkennen, daß er seine Mahlzeiten stets nur in fremden Häusern und auf fremde Kosten zu feiern vermochte, und das ist eine Spur. Wenn er sich nämlich als Gast herausnahm, das Brot zu brechen, dann brach er mit einer geradezu heiligen Sitte. Nur dem Gastgeber und Hausherrn stand zu, das Mahl durch Brotbrechen feierlich zu eröffnen. Wenn nun stattdessen Jesus das Brot zur Hand nahm, dann besaß er die Kühnheit, das Verhältnis von Gastgeber und Gast auf den Kopf zu stellen. Niemand konnte im voraus wissen, ob die Beteiligten das hinnehmen würden oder ob ein Tumult bevorstand. Dadurch muß um das Brotbrechen eine besonders gespannte Atmosphäre entstanden sein. Es war der Augenblick, wo sich entschied, ob Jesus als Herr der Tischgemeinschaft anerkannt wurde. Dieser Augenblick muß für die Jünger so einschneidend gewesen sein und sich in ihrem Gedächtnis derart zu einer existentiellen Zäsur vertieft haben, daß sie ihn gar nicht gemeinsam vergegenwärtigen konnten, ohne ihn erneut wahrzunehmen als den Augenblick, in dem sich die Anerkennung Jesu entschied: nun allerdings nicht mehr bloß als des Herrn einer kleinen Tischgemeinschaft, sondern als des auferstandenen Herrn der Welt. Das Brotbrechen Jesu erscheint somit wie eine Drehscheibe der urchristlichen Kehrtwende. In der Erinnerung der Jünger wird es nachträglich zu dem Augenblick, an den die Halluzination vom auferstandenen Herrn wie magnetisiert andockt. An Ort und Stelle war es zunächst einmal ein profanierender Schock. Nicht genug, daß Jesus das rituelle Festmahl durch gelockerte Tischsitten und Einbeziehung verhaßter Berufsstände entweihte; er kehrte auch das Verhältnis von Gastgeber und Gast um.

Heilungen

Für Zöllner und andere, »die kein rechtes Verhältnis zur Thora mehr hatten«,[66] muß gerade davon eine gewisse Faszination ausge-

66 Gerd Lüdemann, *Jesus nach 2000 Jahren*, l. c., S. 32

gangen sein. Sie waren freilich nicht die einzigen, die Anlaß hatten, Jesus ihr Haus zu öffnen. Es gab da noch eine Gruppe – und damit wird es Zeit, die zweite oben angekündigte Matthäus-Stelle beizuziehen. »Als aber Johannes im Gefängnis die Werke Christi hörte, sandte er durch seine Jünger und ließ ihm sagen: ›Bist du es, der da kommen soll, oder sollen wir einen anderen erwarten?‹ Jesus antwortete und sprach zu ihnen: ›Gehet hin und verkündet Johannes, was ihr hört und seht: Blinde sehen und Lahme gehen, Aussätzige werden rein und Taube hören und Tote werden auferweckt und den Armen wird das Evangelium gepredigt, und selig ist, wer nicht Anstoß nimmt an mir.« (Mt 11, 2–6)[67] Historisch daran ist das Wenigste. Zwar hat Johannes vor seiner Enthauptung (Mk 6, 14 ff.) im Gefängnis gesessen, wahrscheinlich, wie Josephus sagt, in der Festung Machaerus.[68] Daß er jedoch von dort aus durch seine Jünger in Erfahrung bringen wollte, ob Jesus derjenige sei, »der da kommen soll«, ist eine christliche Konstruktion, die den wirklichen Sachverhalt umkehrt: Jesus war es, der die fragende, zweifelnde Stimme des Täufers innerlich nicht los wurde und sein Eigenes nur in Abgrenzung gegen ihn zu definieren vermochte. Die Überzeugung, daß das Reich Gottes »nahe herbeigekommen« sei, teilte er nach wie vor mit ihm. Aber taufen wie er? Das dürfte ihm die Trennung vom Täufer gründlich verleidet haben.[69] Dafür schlug etwas anderes zu Buche. Offenbar verfügte Jesus über Heilkräfte. Wann sie sich zuerst bemerkbar machten, wissen wir nicht. Aber die ersten drei Glieder der Antwort Jesu klingen historisch durchaus glaubwürdig. »Blinde sehen, Lahme gehen, Aussätzige werden rein«. Sehstörungen, Lähmungen, Hautausschläge sind gelegentlich psychogen genug, um »weggesprochen«[70] werden zu können. Offenbar besaß Jesus eine suggestive Kraft, die in manchen solcher

67 Die »Antwort« Jesu (V. 4–6) findet sich nahezu gleichlautend in Lk 7, 22 f. Sie lief in der christlichen Gemeinde als feste Formel um.
68 Flavius Josephus, *Jüdische Altertümer*, XVIII, 5, 2
69 Joh 3, 22 behauptet zwar das Gegenteil, aber wenig überzeugend; cf. Gerd Lüdemann, *Jesus nach 2000 Jahren*, l. c., S. 564
70 Siehe oben, S. 76, Fn. 46.

Fälle heilend wirkte. Das hob ihn signifikant über Johannes hinaus. Der konnte nur taufen, nicht heilen.

Jesus wäre allerdings mißverstanden als Arzt im hippokratischen Sinn. Chirurgisches Schneiden und Brennen etwa sowie die Vergabe bitterer Medizin kommen bei ihm praktisch nicht vor. Seine Heilungen sind wortzentriert. Deshalb gehört zu seinem Ressort auch, was das Neue Testament Besessenheit durch »unsaubere Geister« nennt: neurotische, psychotische, epileptoide Zustände aller Art. Seine Heiltätigkeit muß einen exorzistischen Grundzug gehabt haben. Die Verbindung feierlicher Körperberührung mit beschwörenden Worten dürfte ihr Hauptrepertoire gewesen sein. »Wenn ich mit dem Finger Gottes die Dämonen austreibe« (Lk 11, 20): das ist in den Evangelien ein so beispielloser Halbsatz, daß darin wahrscheinlich wirklich die Stimme des historischen Heilpraktikers Jesus durchklingt. Hätte er sich freilich damit begnügt, Heiler zu sein, er wäre längst vergessen. Er hatte jedoch die Eigenart, seine heilende Kräfte nicht anders wahrzunehmen als die von ihm zelebrierten Mahlzeiten: als Auslegung des Reiches Gottes. Heilung richtet sich nicht danach, ob der Kranke sie verdient. Sie überkommt ihn. »Nicht die Starken bedürfen des Arztes, sondern die Kranken«, soll Jesus laut Markus auf die Frage geantwortet haben, warum er mit Zöllnern und Sündern esse (Mk 2, 16 f.). Ob diese Antwort tatsächlich in diesen Zusammenhang gehört, ist ungewiß. Aber als Äußerung Jesu ist sie sehr wahrscheinlich. Das Reich Gottes ist bei ihm, wie sich noch zeigen wird, durchaus ärztlich gedacht; es treibt der bestehenden Welt die unsauberen Geister aus, aber heilend, nicht richtend. Und in den Häusern von Geheilten wird Jesus nicht minder willkommen gewesen sein, Mahlzeit zu halten und das Brot zu brechen, als in den Häusern von Zöllnern. Ja, Heilen und Mahlzeit halten wuchsen für ihn zusammen zu zwei Seiten derselben Sache, zu zwei ineinanderscheinenden Szenarien, in denen das kommende Reich Gottes seine Schatten vorauswarf.

Genau diese beiden Szenarien markieren aber auch Jesu spezifische Differenz zum Täufer. Der »aß und trank nicht« – und heilte nicht. Das Reich Gottes blieb für ihn in den Koordinaten der Reinigung und Absonderung befangen. Er vermochte es nur als richtende Kraft zu denken. Diese Kraft aber glaubte Jesus bei seiner Verstoßung verspürt zu haben und empfand sie als zutiefst ungerecht. Warum? Nun, nehmen wir die Botschaft, die Jesus Johannes angeblich ausrichten ließ, einmal bis zum Ende durch. Nach »Blinde sehen, Lahme gehen, Aussätzige werden rein« folgen zunächst zwei christliche Übertreibungen: »Taube hören, Tote werden auferweckt«. Die Auferweckung Jesu soll dadurch glaubwürdig werden, daß er zu Lebzeiten selbst schon andere auferweckt hat. Man merkt die Absicht, und man ist verstimmt. Dann aber kommt etwas, was aufmerken läßt: »den Armen wird das Evangelium gepredigt«. Im Klartext heißt das: Die Armen werden selig gepriesen. »Evangelium« ist nur die christliche, auf den historischen Jesus zurückdatierte Chiffre für Seligpreisung. Der Satz, der in Mt 5, 3 die sogenannte Bergpredigt eröffnet, firmiert in Mt 11, 5 also als Quintessenz der Botschaft Jesu: »Selig sind die Armen.«[71] Zweierlei kommt hier zusammen: die Aufzählung signifikanter Heilungen, die bereits mit zwei Übertreibungen befrachtet ist, aber immer noch knapp und gut memorierbar, und ein Extrakt der Botschaft Jesu. Das Ganze ist zu einer prägnanten Formel geronnen, die so tief im Jüngerkreis gesessen hat, daß Matthäus und Lukas sie praktisch gleichlautend wiedergeben. Sie darf als ein nur wenig entstelltes Erinnerungsstück erachtet werden, worin die Erlebnisse der Jünger mit Jesus zu äußerster Verdichtung fanden. Authentische Verdichtungen aber, die etwas aufzählen, reihen nicht nur beliebig aneinander; sie geben Abfolgen wieder. Mt 11, 4–6 enthält, äußerst zusammengerafft, den Werdegang Jesu aus Jüngerperspektive. *Zuerst* erlebten sie ihn als Heilenden *und dann* als Verkünder. Seine Botschaft ist aus seiner

---

71 Und zwar die materiell Armen, die physisch Notleidenden. Matthäus gibt in 11, 5 gewissermaßen selbst zu, daß er in 5, 3 einen abschwächenden Zusatz eingemogelt hat »die im Geist Armen«. Lukas gibt die ungemilderte Version, zudem als persönliche Anrede formuliert: »Selig seid ihr Armen, denn das Reich Gottes ist euer.« (Lk 6, 20)

Heiltätigkeit hervorgegangen. Anders gesagt: Jesus hat körperliche Gebrechen auf die Dauer nicht wahrnehmen können, ohne sie mit dem sozialen Gebrechen der Armut zu verknüpfen, die er selbst nicht heilen konnte und daher der heilenden Gewalt des Reiches Gottes, die er im Kommen wähnte, um so inständiger deklamatorisch anbefahl.

Liest man Mt 11, 4 f. derart als Verdichtung, dann fängt allerdings auch der nächste Vers auf überraschende Weise an, beredt zu werden: »Und selig ist, wer keinen Anstoß an mir nimmt.« Es zeigt sich die Heiltätigkeit nämlich nun in doppelter Weise als Anstoß. Sie hat einerseits die Seligpreisung der Armen angestoßen, andrerseits heftig Anstoß erregt. Bei wem? Da muß man nicht lange raten. Der ganze Abschnitt ist eine Grußadresse *an Johannes.* Offenbar waren *ihm* die Heilkräfte Jesu nicht (mehr?) geheuer gewesen. Der »geliebte Sohn« hatte Fähigkeiten entwickelt, über die der Meister nicht verfügte. Waren es Fähigkeiten, die dem Kommen des Reiches Gottes förderlicher schienen als die Taufe, Fähigkeiten, die im Täuferkreis derart Zuspruch fanden, daß sie den Sinn der Taufe in Frage zu stellen begannen – und damit die Autorität und Identität des Täufers? Dieser Verdacht drängt sich allerdings auf. Was sollte Johannes sonst dagegen gehabt haben, daß von Jesus heilende Kräfte ausgingen? Wenn dem aber so ist, so heißt »Selig, wer keinen Anstoß an mir nimmt« so viel wie: Selig, wer sich *nicht* verhält wie du, Johannes. Du hast meine Heilkräfte zu Unrecht verworfen. Nun aber habe ich Leute um mich, die sie zu schätzen wissen. Selig sind *sie*, denn sie nehmen keinen Anstoß daran. Aber auch: Selig bin *ich*, solche Leute gefunden zu haben.

Daraus erhellt: Die Botschaft Jesu ist doppelt adressiert. An wen sie sich sonst auch wendet, immer richtet sie sich zugleich an Johannes und sucht ihm, seinem postumen, unbewältigten Gesprächspartner, nachträglich zu beweisen: Du hast mich zu Unrecht mit einem Fluch belegt. Ich bin nicht sündlos; deshalb habe ich mich ja bereitwillig der Taufe unterzogen. Aber ich bin unschuldig im Sinne der Anklage. Meine Heilkräfte sind rein. Daher die demonstrative Existenz, die Jesus seit seiner Rückkehr nach Galiläa zu führen begann, sein fortgesetzter Unschuldsbeweis, sein nie an ein Ende gelangender Entsühnungsprozeß. Allmählich läßt sich der Konflikt ermessen, aus dem Jesus keinen andern Ausweg wußte als die Flucht nach vorn – zu einer Kehrtwende, die in ihrer traumatischen Tiefe der urchristlichen kaum nachstand. So tief nämlich stand er im Bann des Täufers, daß er die Ausstoßung, die dieser über ihn verhängte, nicht anders wahrzunehmen vermochte denn als die richtende Kraft des Reiches Gottes selbst. Andrerseits aber vermochte er diese richtende Kraft nicht anders zu empfinden denn als empörend ungerecht. Sie hatte seine Heilkraft geschändet, das Unschuldigste, was er in sich fühlte. Und so blieb ihm nur eines: Die Obsession des Reiches Gottes, die er dem Täufer verdankte, gegen den Täufer zu kehren, sie zuinnerst umzukrempeln, das Reich Gottes gegen seine eigene richtende Kraft anzurufen, es als die Macht herbeizubeschwören, die seiner, Jesu, Heilkraft beistehen und sie als unschuldig beglaubigen möge. Dazu aber mußte das Reich Gottes als die schlechterdings heilende Gewalt kommen, die nicht nur den Täufer und die Seinen vom Geist der Verstoßung, sondern die richtende Gewalt selbst von ihrem heillosen Geist der Absonderung heilen würde.

War es das, was sich zutrug? Trieb Jesus der brennende Wunsch nach Genugtuung für seine geschändete Heilkraft, als er von der Umkehr in die Wüste umkehrte und sich von der Logik der Absonderung abzusondern trachtete? Die Indizien sprechen mächtig dafür. Man mag sich ihnen verschließen. An einem ändert das jedoch nichts: Erst als sich in Jesus die Obsession festigte, daß die höchste Gewalt die heilende sei und ihr Kommen unmittelbar bevorstehe, begann jene Phase seines demonstrativen öffentlichen Auftretens, die ihn schließlich zum Auslöser des Christentums werden ließ.

109

Typus

Obsessionen sind gewöhnlich nichts, was sich zu einem stimmigen gedanklichen System fügt und sich in wohlgeformten Worten äußert. Das wird auch bei Jesus nicht anders gewesen sein. Zudem war er kein Intellektueller. Im Täuferkreis ist ihm zwar jüdische Gesetzesstrenge eingeschärft worden, und dazu mußte er Bekanntschaft mit einigen Lehrstücken aus dem Pentateuch und den Propheten machen. Aber daß er ein Rabbi gewesen sei, ist interessierte judenchristliche Fälschung, die nachträglich durch Jesus selbst sicherzustellen suchte, daß bei seinem Leben und Sterben alles »nach den Schriften«, also mit rechten Dingen zugegangen sei. Wenn er gelegentlich Schriftgelehrte verblüfft und verärgert hat, dann nicht, weil er mit ihnen auf ihrer Ebene diskutierte, sondern durch entwaffnend einfache Worte, auf die sie nicht gefaßt waren. Seine Vorstellungswelt war vorwiegend dörflich-ländlich, besiedelt von Bauern, Hirten, Tagelöhnern, Guts- und Weinbergsbesitzern samt ihren Verwaltern und Aufsehern, und gelegentlich findet sich in dieser Welt, wie ein schillernder Fremdkörper, Geld. Über ihr scheinen, wie Planeten, ein paar Versatzstücke aus den heiligen Schriften, die man auch ohne Schriftgelehrsamkeit bequem memorieren konnte. Mehr wird das Bildungsrepertoire Jesu kaum enthalten haben, und das Bewunderungswürdige daran ist, wie viel er aus so wenig gemacht hat.

Und da kommt die andere Seite der Obsession ins Spiel. Wenn sie den ganzen Menschen erfaßt und nicht nur eine kleine abgespaltene Marotte ist, dann kann sie durchaus synthetische Kraft entfalten: verschiedene, recht heterogene Strebungen und Charakterzüge auf einen Fluchtpunkt hin zusammenfassen. Auch das war bei Jesus zweifellos der Fall. Doch was waren seine Charakterzüge? Man darf zwar sicher sein, daß er kein temperamentloser Phlegmatiker war, sondern ein Getriebener, der von Ort zu Ort wandern und das, was in ihm vorging, nach außen kehren, verkündigen, demonstrieren mußte. Und man kann sich auch an drei Fingern abzählen, daß das, was ihn trieb, brennende innere Wunden waren. Jemand, der solch eine Kindheit in Nazareth und solche Erlebnisse beim Täufer hinter sich hatte, konnte schlecht etwas anderes sein als traumatisiert. Nur besagt das wenig darüber, wie er seine traumatischen Erfahrungen gewendet und seiner Gesamtperson eingefügt hat. Dennoch ist kaum jemand ohne inneres Bild von ihm. Die christliche Ikonographie hat ihn zu einem Typus gestempelt, der immer noch wie ein kollektives Wahrnehmungsschema funktioniert. Sobald man die Evangelien aufschlägt, sieht man ihn förmlich lang, schlaksig, mit wallenden Haaren, Bart, brennenden Augen und großen Gesten umherwandeln. Sind das aber nicht Merkmale von Asketen und Eremiten, die man eher zum Täufer assoziieren müßte? Nicht von ungefähr erkennt man auf Bildern, die beide darstellen, Jesus vornehmlich daran, daß er weniger zottelig aussieht als Johannes und statt in Kamelhaar in Tuch gekleidet ist. Als Typen sind beide kaum zu unterscheiden. Doch Jesus als ikonographische Verlängerung des Täufers ist sehr unglaubwürdig. Zwar wissen wir auch von Johannes nicht, was für ein Typus er war. Aber Kamelhaar, Heuschrecken und wilder Honig sind wenigstens Anhaltspunkte. Bei Jesus hingegen gibt es nicht den geringsten Hinweis auf seine Kleidung oder Statur. Wer weiß denn, ob er nicht vielleicht ein untersetzter Glatzkopf war? Ein nach Luft schnappender Asthmatiker? War er eher hektisch oder von großer Selbstbeherrschung, eher schroff oder sanft? Wie war sein Gang, sein Blick, seine Haltung, seine Stimme? Solche Fragen zeigen, wie wenig er als Typus greifbar ist. Schon deshalb ist es aussichtslos, seine Biographie zu schreiben. Wir haben nichts von ihm als ein paar entstellte Erinnerungsreste aus seiner Zeit in Nazareth und bei Johannes dem Täufer, und dann das nicht minder entstellte Finale, in welchem er das, was ihn unverwechselbar ausmachte, durch Galiläa und schließlich bis nach Jerusalem trug: seine Obsession vom Reich Gottes als heilender Gewalt. Sie ist der Brennpunkt seiner Worte und Taten, dessen, was man die latenten Traumgedanken des Christentums nennen darf. Ihnen gilt nun die Aufmerksamkeit.

Als Jesus in Galiläa aufzutreten begann, war sein Magnet zweifellos seine heilende Kraft. An *sie* glaubten seine ersten Gefolgsleute, nicht daran, daß er der Christus sei. Gerade Simon (Petrus) ist verdächtig eng mit seiner Schwiegermutter assoziiert. Laut Markus hat Jesus sie geheilt, *nachdem* er Petrus und Andreas zu »Menschenfischern« (Mk 1, 17) berufen hatte, so daß sie auf der Stelle ihren familiären Fischereibetrieb verließen und ihm nachfolgten, um mit ihm wenig später dann doch im »Haus des Simon« (1, 29) zu landen, wo die Schwiegermutter fiebernd lag. Man darf das getrost umgekehrt lesen: Nachdem Jesus die Schwiegermutter geheilt hatte, folgten Petrus und Andreas ihm nach. Und erst der Glaube an seine heilende Kraft konnte sie für die Worte empfänglich machen, die Jesus daran knüpfte: daß seine Heilungen lediglich Vorboten jener großen Heilung darstellten, als die »das Reich Gottes nahe herbeigekommen« sei. Schwerlich hatte Jesus für den Zusammenhang seiner persönlichen Heilkraft mit der des Reiches Gottes sogleich feste, geschliffene Formeln parat; entsprechend unsicher, tastend, fahrig dürften seine ersten Erklärungsversuche dafür gewesen sein. Er mußte selbst erst um Worte ringen für das, was ihn umtrieb. Das kennzeichnet ja gerade die echte Obsession, steckt in ihr doch stets mehr, als sie mit Worten sagen kann.

Hier waren Gefolgsleute hilfreich. Petrus, Andreas und die andern Jünger, die sich hinzugesellten, eröffneten Jesus eine neue Lebensperspektive. Sie nahmen »keinen Anstoß« an ihm. Sie bestärkten ihn darin, daß seine Heilkraft unschuldig sei. Ihre fragenden Blicke und offenen Münder boten seiner Selbstverständigung einen wunderbaren Resonanzboden. Nicht anders als später Petrus und »die Zwölf« wird auch Jesus *die allmähliche Verfertigung der Gedanken beim Reden* bitter nötig gehabt haben, und seine Gedankenfindung ist zunächst sehr elementar verlaufen: als Bildfindung. Indem er zu Jüngern sprach, lernte er, ihnen und sich – und seinem unbewältigten imaginären Gesprächspartner – seine Heilkraft als Metapher, Sinnbild, Gleichnis für etwas weit Umfassenderes zu entfalten: daß *alle* Gebrechen geheilt gehören, nicht nur die körperlichen. Daher

Jesu Seligpreisung der Armen. Armut galt ihm offensichtlich als das soziale Gebrechen schlechthin. Das Reich Gottes würde sie austreiben. Dann war da noch das weite Feld der seelischen Gebrechen. Darunter fällt das Leiden an »unsauberen Geistern« aller Art, an denen sich die exorzistische Begabung Jesu erproben und als Vorbote des Reiches Gottes besonders eindrücklich empfehlen konnte. Darunter fällt aber auch moralische Korruption. Zöllner zum Beispiel waren »krank«: regelrecht verdorben durch die Verlockungen fremder Mächte – dem ersten Gebot konstitutionell nicht gewachsen. Auch sie würde das Reich Gottes bei seinem Kommen kurieren und ihnen ihre moralischen Gebrechen austreiben. Schwer zu sagen, ob Jesus zwischen Gebrechen heilen und Dämonen austreiben überhaupt einen nennenswerten Unterschied machte. Womöglich sah er in jedem Gebrechen einen Dämon, in jedem Dämon ein Gebrechen. Anders als aus Heilungsperspektive jedenfalls kamen Dämonen für ihn gar nicht vor. Über ihren Verbleib nach der Austreibung machte er sich keinerlei Gedanken. Ob es sich um Wesen mit eigenem Sein und Charakter handelte, ob sie einem obersten gefallenen Engel untertan und an einem bestimmten Ort wohnhaft seien: das interessierte die Gelehrten unter den zeitgenössischen Apokalyptikern, aber nicht Jesus.[72] Er dürfte hier über einen einfachen Analogieschluß nicht hinausgelangt sein. Wie Gebrechen durch Heilung verschwinden, so Dämonen durch Austreibung. Sie lösen sich in Wohlgefallen auf – wie Frühnebel in der Morgensonne.

Die allmähliche Verfertigung der Gedanken beim Reden muß man sich bei Jesus ähnlich vorstellen wie ihren Resonanzboden: schlicht.

72 Die Geschichte von der »Legion« unsauberer Geister, die er in eine Schweineherde fahren läßt (Mk 5, 9 ff.), ist nicht nur eine christliche Aufbauschung; sie klingt auch so, als habe sich in der Gemeinde, nachdem sich die Wiederkehr des Herrn immer mehr verzögerte und die Bosheit aus der Welt nicht verschwand, die Frage nach dem Verbleib der Dämonen neu gestellt. Den Exorzismus als Dämonenumverteilung zu interpretieren, mag ja eine originelle Antwort gewesen sein. Freilich setzt sie an der entscheidenden Stelle aus. Als die besessene Schweineherde sich ins Meer stürzte und ertrank (5, 13), was geschah da mit den Dämonen: Ertranken sie mit?

Die Schlichtheit aber ist gerade ihre Stärke. Wenn Jesu Gedanken-findung in hohem Maße Bildfindung war, so artikulierte sich darin auch eine ungewöhnliche Bildbegabung. Der Täufer dürfte ihr Pate gestanden haben, war er doch selbst ein Bildbegabter. Sein Auftre-ten in der Wüste, seine Kleidung und Nahrung, der Reinigungsritus, den er vollzog: dies alles hatte er zu einem plastischen szenischen Bild der Umkehr Israels und Wegbahnung des Reiches Gottes gefügt. Gut möglich, daß Jesus auf die Kraft dieses Bildes ganz besonders ansprang und in Johannes buchstäblich sein Vor*bild* fand, weil er selbst einen so ausgeprägten Bildsinn hatte. Wie weit sich seine eigene Bildbegabung schon im Täuferkreis entfaltete, wis-sen wir nicht. Aber spätestens nach seiner Verstoßung, als er vor der Alternative stand, entweder an seiner fluchbeladenen Heilkraft zu verzagen oder sie so zu wenden, daß der Fluch von ihr wiche, da ging ihm der Bildgehalt des Heilens wie ein Silberstreif auf, und die Resonanz seiner Gefolgsleute half ihm, Worte dafür zu finden: Gleichnisse.

Gleichnisse

Das Judentum hatte eine eigene Gleichniskultur. Mit ihren Nieder-schlägen im Alten Testament und im rabbinischen Diskurs wird Jesus als Analphabet nicht sehr vertraut gewesen sein. Aber ganz unbeleckt von ihr war er auch nicht. Jedenfalls trat er nicht in die Fußstapfen von Gelehrten, als er Gleichnisse ausheckte. Es trieb ihn auch nicht die didaktische Absicht, hohe Gedanken auf ein Niveau herunterzubrechen, auf dem auch Fischer vom See Geneza-reth sie verstehen könnten. Vielmehr trieb ihn das Verlangen nach Rehabilitierung seiner geschändeten Heilkraft, nach Lösung des auf ihr lastenden Fluchs. »Ich löse mich in tönen«, heißt es in Stefan Georges *Entrückung.*[73] Jesus hat sich in Gleichnissen »gelöst«. Sie waren mentale Ventile, die den Fluchdruck minderten. Er bedurfte

73 Stefan George, *Der siebente Ring*, Gesamt-Ausgabe der Werke, Bd. VI/VII, Georg Bondi, Berlin 1931, S. 122

ihrer nicht minder als seine Zuhörer. Seine Gleichnisse sind Gelegenheitseinfälle, ohne daß wir annähernd die Gelegenheiten rekonstruieren könnten, zu denen sie ihm einfielen. Entsprechend spontan und heterogen sind sie, nicht alle gleich stimmig oder auf gleichem Niveau. Doch genauso wie sie einen gemeinsamen Antrieb haben, so umkreisen sie auch ein gemeinsames Zentrum. Von verschiedenen Seiten her und mit mehr oder weniger Erfolg versuchen sie das Reich Gottes, so wie Jesus es als Beistand seiner eigenen Heilkraft ersehnte, in Bildworten plastisch zu machen: es gleichsam herbeizuerzählen.

Was Jesus zu solchen Bildworten trieb und wofür sie standen, das wird über den Horizont der meisten seiner Hörer weit hinausgegangen sein. Nicht hingegen der Bildgehalt selbst. Er ist sehr eingängig. Er stammt aus der Lebenswelt des einfachen Volks. Die Hörer dürften fasziniert gewesen sein, wie ihnen da jemand buchstäblich Unerhörtes erzählte und dabei doch ihre Sprache sprach. Seine schlichten, einprägsamen Worte zu memorieren war kein Gedächtnisproblem. Wenn manche Gleichnisse sich nur in bis zur Unkenntlichkeit verdunkelter Form erhalten haben, so nicht, weil sie nicht faßlich genug waren. Sie waren nicht erträglich genug. Auch unbedarften Hörern konnte schwerlich entgehen, wie wenig schriftgemäß, gesetzeskonform und erbaulich sie waren. Die Evangeliumsverkündigung mußte sie ebenso zurechtstauchen und überlagern, wie es die Traumzensur mit latenten Traumgedanken tut, damit sie überhaupt auszuhalten waren. Wie das geschah, wird im folgenden nicht bis ins Detail ausgebreitet. Es ist nicht beabsichtigt, alle Gleichnisse der Reihe nach durchzunehmen und danach zu sortieren, was an ihnen jesuanischer Originalton und was urchristliche Zensur ist. Vielmehr soll die Vergleichslogik Jesu exemplarisch durchbuchstabiert werden, und dafür ist kein Gleichnis geeigneter als sein berühmtestes: das vom verlorenen Sohn. Daß es sich nahezu unbearbeitet erhalten hat, ist ein Glücksfall. Dank sei der christlichen Zensur, die sich hier selbst im Weg stand. Sie war unfähig, im Hauptakteur des Gleichnisses, dem Vater, etwas anderes wahrzunehmen als den gnädigen Gott des christlichen Evangeliums, also ihre eigene Doktrin – und ließ darüber alles Anstößige an dieser Vaterfigur unbeanstandet passieren.

»Ein Mensch hatte zwei Söhne. Und der jüngere von ihnen sagte zum Vater: ›Vater, gib mir den Teil des Vermögens, der mir zusteht.‹ Er aber teilte das Gut unter ihnen auf. Und nach wenigen Tagen packte der jüngere Sohn alles zusammen und zog davon in ein fernes Land. Und dort vergeudete er sein Vermögen heillos. Als er aber alles durchgebracht hatte, kam eine schwere Hungersnot über jenes Land, und er begann Mangel zu leiden. Und er ging hin und hängte sich an einen Bürger jenes Landes, und er schickte ihn auf seine Felder, Schweine zu hüten. Und er begehrte, seinen Bauch mit Schoten zu füllen, welche die Schweine fraßen, und niemand gab sie ihm. Da kam er zu sich und sagte: ›Wie viele Tagelöhner meines Vaters haben mehr als genug zu essen, ich aber gehe hier am Hunger zugrunde. Ich werde mich aufmachen, zu meinem Vater gehen und sagen: ›Vater, ich habe gegen den Himmel und vor dir gesündigt. Ich bin nicht mehr wert, dein Sohn zu heißen. Mach mich zu einem deiner Tagelöhner.‹ Und er machte sich auf und kam zu seinem Vater. Er war aber noch weit weg, da sah ihn der Vater, und es jammerte ihn, er lief hin, fiel ihm um den Hals und küßte ihn. Der Sohn aber sagte zu ihm: ›Vater, ich habe gegen den Himmel und vor dir gesündigt, ich bin nicht mehr wert, dein Sohn zu heißen.‹ Der Vater aber sagte zu seinen Knechten: ›Bringt schnell das beste Kleid her und zieht es ihm an und gebt ihm einen Ring an seine Hand und Schuhe an seine Füße. Und holt das gemästete Kalb und schlachtet es, denn dieser mein Sohn […] war verloren und ist gefunden worden‹. Und sie fingen an, fröhlich zu sein. – Sein älterer Sohn aber war auf dem Feld, und als er kam und sich dem Haus näherte, hörte er Musik und Tanz und rief einen der Knechte und erkundigte sich, was das denn sei. Er aber sagte ihm: ›Dein Bruder ist gekommen, und dein Vater hat das gemästete Kalb geschlachtet, weil er ihn gesund wieder hat.‹ Er aber wurde zornig und wollte nicht hineingehen. Der Vater aber ging hinaus und redete ihm zu. Er aber

antwortete und sprach zum Vater: ›Siehe, so viele Jahre diene ich
dir und habe dein Gebot nie übertreten, und nie hast du mir auch
nur einen Bock gegeben, daß ich mit meinen Freunden fröhlich sein
könnte. Jetzt aber, wo dieser dein Sohn kommt, der sein Gut mit
Huren verpraßt hat, hast du das gemästete Kalb geschlachtet.‹ Er
aber sagte zu ihm: ›Kind, du bist immer bei mir, und alles, was mein
ist, ist dein. Aber man muß doch fröhlich sein und sich freuen, denn
dieser dein Bruder [...] war verloren und wurde gefunden.‹«
(Lk 15, 11–32)

Zweifellos sollte das eine Geschichte vom Reich Gottes sein; freilich nicht so, daß der Vater »Gott« ist und die beiden Söhne zwei
verschiedene Teile der Menschheit repräsentieren. Was wofür steht,
ergibt sich erst, wenn zuvor die Eigendynamik der Erzählung zum
Zug kommt, und da ist eine Bemerkung zum Erbrecht hilfreich. Im
Falle der sogenannten »Schenkung bei Lebzeiten« war folgende
Form »des Besitzübergangs vom Vater auf den Sohn« üblich: »Der
Sohn erhält [...] zwar das Besitzrecht (der Vater darf z. B. den
betreffenden Acker nicht verkaufen)«, »jedoch nicht das Verfü-
gungsrecht (verkauft der Sohn, so kann der Käufer erst beim Tode
des Vaters Besitz ergreifen) und [...] nicht die Nutznießung (diese
verbleibt dem Vater uneingeschränkt bis zu seinem Tode)«.[74] Der
jüngere Sohn im Gleichnis verlangt also etwas rechtlich nicht Vor-
gesehenes; er will sogleich über sein Besitzteil verfügen. Und der
Vater gibt es ihm anstandslos. Schwer vorstellbar, daß der Besitz,
mit dem er daraufhin »in ein fernes Land« zieht, aus etwas anderem
als Edelmetallen oder -steinen bestand, also in weitestem Sinne aus
Geld. Er verpraßt es, und als eine Hungersnot kommt, er sich an
»einen Bürger jenes Landes« hängen und ihm die Schweine, die für
einen Juden schlechterdings unreine Tiere, hüten muß, ohne selbst
von deren Futter essen zu dürfen, sinkt er über die Maßen tief –
unter alles menschliche Niveau. »Da kam er zu sich«; erstmals in
der Geschichte findet er zu einem Maß. Den Sohnesstatus hat er

74 Joachim Jeremias, *Die Gleichnisse Jesu*, Siebenstern, München und Hamburg 1966, S. 87

verspielt, aber Tagelöhner des Vaters sein, wäre das nicht der seinen Taten angemessene Strafstatus und zugleich seine Überlebenschance? Indem er aber nach Hause zurückkehrt, um sein Leben nach diesem Maß einzurichten, da verliert der Vater jedes Maß. Ein orientalischer Patriarch, der auf einen Untergeordneten, gar einen Sohn, der den Sohnesstatus geschändet hat, zuläuft, ihm um den Hals fällt und ihn küßt, fällt buchstäblich aus der Rolle. Der Sohn verharrt in Distanz: Ich »habe gesündigt« und »bin nicht wert, dein Sohn zu heißen«. Aber der Vater verlangt umgehend »das beste Kleid« für den Sohn, »einen Ring an seine Hand und Schuhe an seine Füße«. Er soll nicht mehr barfuß laufen wie ein Sklave. Der Ring gibt ihm den Sohnesstatus zurück, das Gewand zeichnet ihn als Ehrengast aus. Und nun wird auch noch ein Fest anberaumt: das gemästete Kalb geschlachtet. Dies alles ohne jede vorgängige Frage danach, was dem Sohn in der Zeit seiner Abwesenheit zugestoßen ist und was ihn zurückgeführt hat. »Überstürzt« ist noch das mindeste Adjektiv für das Verhalten des Vaters.

Und da ist noch eine Merkwürdigkeit. Er fällt über den wiederkehrenden Sohn zwar geradezu her, aber er spricht nicht mit ihm. Statt ihm auf sein »Ich bin nicht wert, dein Sohn zu heißen« zu antworten, richtet er das Wort an seine Knechte und läßt sie Statussymbole herbeischaffen, die sowohl den Unwert des Sohnes überdecken als auch repräsentieren, was der Vater ihm nicht sagt. Wie aber lauten die Worte, die der Vater nur durch Insignien zu verstehen gibt, jedoch nicht ausspricht? Kennen wir sie nicht längst? Können es andere sein als »*Du bist mein geliebter Sohn, an dem ich Wohlgefallen habe*«? Jedenfalls keine passenderen. Wenn dem aber so ist, so öffnet sich ein neuer Ausblick. Man beginnt zu erahnen, wie tief das Gleichnis vom verlorenen Sohn in Jesu eigener Lebensgeschichte sitzt. Nichts dürfte Jesus sehnlicher gewünscht haben, als so von Johannes aufgenommen zu werden wie der jüngere Sohn im Gleichnis vom Vater. Vielleicht gehörte zu den satanischen Versuchungen Jesu in der Wüste auch, daß er versucht hatte, zu Johannes zurückzukehren und abgewiesen worden war. Wir wissen es nicht. In jedem Fall aber hätte Johannes, aus der Sicht Jesu, allen Anlaß gehabt, ihm entgegenzulaufen, ihm um den Hals zu fallen und ihn zu küssen, denn er hatte Jesus unrechtmäßig verstoßen. Wie aber schafft sich dieser brennende, unerfüllte Wunsch seine imaginäre Erfüllung? Durch ein Bild, worin sich die Verhältnisse umkehren. Der »Vater« Johannes, der seinen getreuen »Sohn« Jesus unrechtmäßig verstoßen hat, verkehrt sich in einen, der seinen verkommenen Sohn unrechtmäßig annimmt. Der wiederkehrende Sohn im Gleichnis hat ja recht. Er *ist* nicht wert, Sohn dieses Vaters zu heißen. Wie aber der Sohn maßlos war im Prassen und Versinken im Elend, so ist nun der Vater maßlos in Liebe und Erbarmen. Sein Überschwang ist in doppeltem Sinne der Brennpunkt des Gleichnisses: einerseits das, was der historische Jesus von Johannes brennend ersehnte, und andrerseits der geistige Funke, den Jesus aus diesem brennenden Wunsch schlug und nun, in Gestalt eines Gleichnisses, als Geistesblitz gegen Johannes schleudert. Du bist der Schuldige, gibt er ihm zu verstehen, aber mein Tagtraum verstößt dich nicht, wie du mich verstoßen hast; er komme über dich wie ein überschwenglich liebender Vater, der du mir nicht warst, ein Vater, der genau jener Heilkraft entspricht, die du an mir verworfen hast.

Hier liegt der Vergleichspunkt des Gleichnisses. Das Reich Gottes wird kommen wie der Überschwang eines maßlos liebenden Vaters. Dieser Überschwang wird wie ein Fluch herbeibeschworen: Es komme über dich, was du verdienst. Aber die Pointe ist: Es komme über dich, was du *nicht* verdienst. Die Form des Fluchs nimmt den Inhalt einer Segnung an. Das nahezu Übermenschliche an Jesus ist diese Verwandlung des Fluchs. Schlechterdings rätselhaft, wie er, der vielfach Traumatisierte, der Vertriebene und Getriebene, die Kraft dazu aufbrachte, Johannes mit jenen Zügen eines maßlos liebenden Vaters zu überzeichnen, die er an ihm vermißte, statt ihn zu einer Verkörperung des Bösen zu verzerren. Es muß in Jesus ein singuläres, alle Verletzungen, alle Enttäuschungen, allen Haß überloderndes und schmelzendes Feuer des Wünschens gebrannt haben, das ihn befähigte, Johannes in der Imagination mit all dem zu

119

überschütten, was dieser ihm vorenthalten hatte – und ihm so zu vergelten, daß er dabei das Schema der Vergeltung selbst überbot. Dies Feuer des Wünschens ist der Brennpunkt, worin Jesu Verständnis von Heilkraft und Liebe sich vereinigen. Heilkraft fragt nicht nach Verdienst und Berechtigung. Wo ein Gebrechen ist, das nach ihr verlangt, überkommt sie den Kranken als bedingungslose Hingabe: als eine Form von Liebe. Liebe wiederum ist eine Form von Heilkraft. Sie kalkuliert nicht; sie überschüttet den Lieblosen grund- und bedingungslos mit Zuneigung und Zuwendung und läßt seine Verhärtung und Verstockung in tiefer Beschämung schmelzen, aber nicht, um zu triumphieren und sich an der Scham zu weiden. Sie hat an deren schmelzender, lösender Wirkung vollauf genug.

Und so ist das Gleichnis vom verlorenen Sohn zwar auf Genugtuung aus: Wenn Johannes mir schon nicht, wie ich es ersehne, entgegenläuft, mir um den Hals fällt und mir den Fluch wegküßt, dann soll das Reich Gottes so beschämend über ihn herfallen wie im Gleichnis der Vater über den jüngeren Sohn. Und dennoch kostet Jesus diese Beschämung keinen Moment aus. Weder verrät er, wem sie gilt, noch malt er sie aus. Kein Wort darüber, was sich beim jüngeren Sohn, der nach »ich bin nicht wert, dein Sohn zu heißen« nichts mehr sagt und sich stumm die Statussymbole Kleid, Ring und Schuhe überstreifen läßt, innerlich abgespielt haben mag, als »sie begannen, fröhlich zu sein«. Ebensowenig aber fällt ein Wort, das dem Überschwang des Vaters eine nachträgliche Rechtfertigung verliehe. Im Gegenteil. Das Gleichnis hört ja mit dem »Fröhlichsein« nicht auf.[75] Der ältere Sohn kommt vom Feld heim, hört, was geschehen ist und bricht in Wut aus. Fast alle Auslegungen vermögen ihn lediglich als mißgünstigen Streber wahrzunehmen, der die

75 Rein formal würde es zwar auch funktionieren, wenn es mit dem Beginn des Festmahls zu Ende wäre. Deshalb ist die Szene zwischen Vater und älterem Sohn vielfach als späterer Zusatz erachtet worden. Das mag sie sein. Nur fügt sie sich so nahtlos ein, daß als Autor kaum ein anderer in Frage kommt als der Erzähler des Vorangegangenen, also Jesus selbst. Er hätte das Gleichnis dann sozusagen in zwei Raten entwickelt.

Herzensgüte des Vaters nicht erträgt. Dabei repräsentiert er nichts Geringeres als das Gesetz. Zum einen das Erbrecht. Sein Erbteil ist das einzige, was übrig blieb; dasjenige, wovon Vater und Sohn gemeinsam leben, der Sohn als Eigentümer, der Vater als praktischer Nutzer. Die andere Hälfte hat der Bruder ja verpraßt. Und alles, was der Vater diesem jetzt noch nachwirft, geht von dem ab, was der ältere Sohn einmal übernehmen wird. Zum andern repräsentiert er das Gesetz des Sohnesgehorsams. »Wie ein Knecht« hat er dem Vater gedient – und nie eine Sondergratifikation dafür bekommen. Von väterlicher Großzügigkeit, gar von Überschwang keine Spur. Und dann die fadenscheinige Antwort des Vaters: »Kind, du bist immer bei mir, und alles, was mein ist, ist dein.« Ja sicher, darin besteht ja das Erbrecht – nur daß über all das, was da zugleich »mein und dein« sein soll, vorerst allein der Vater verfügt. Auch der Nachsatz ist kaum überzeugender. »Aber man sollte doch fröhlich sein und sich freuen, weil dieser dein Bruder [...] verloren war und gefunden wurde«. Sich darüber freuen? Warum nicht. Aber warum muß die Freude ein Übermaß annehmen, das die Gesetzestreue des älteren Sohnes verhöhnt?

Man mag sich gar nicht gern vorstellen, wie es mit den dreien weiterging, nachdem das gemästete Kalb verzehrt, der Festrausch verflogen und wieder Alltag war. Bezeichnend ist auch, daß das Gleichnis keinen Sieger hat. Der jüngere Sohn ist schon gar keiner. Aber wen hat eigentlich der Vater überzeugt? Den jüngeren Sohn davon, daß nun wieder alles sein werde wie einst? Den älteren davon, daß auch er »fröhlich« sein sollte? Für beides gibt es keinerlei Anzeichen. Gerade der offene Schluß des Gleichnisses läßt erkennen, welches der eigentliche Widerstand ist, an dem sich der Überschwang des Vaters zu bewähren hat: der Einspruch des Gesetzes. Die Schlußszene zwischen Vater und älterem Sohn mutet an wie Jesu innerer *showdown*. Wird das Reich Gottes kommen wie ein überschwenglich liebender Vater – oder eben doch richtend und absondernd, wie es Johannes vorschwebte? Hier stehen sich die beiden »Väter« gegenüber, zwischen denen Jesus schwankt, und es erhellt, warum der imaginäre »Vater im Himmel« bei ihm ausschließlich als Personifikation des liebenden Überschwangs vorkommt, gewissermaßen als Gegenvater. Die Rolle des wirklichen irdischen Vaters ist nämlich schon durch Johannes besetzt. Indem er seinen geliebten »Sohn« Jesus, an dem er Wohlgefallen hatte, gleichwohl verstieß, verkörpert er die ganze Ambivalenz, die einer mächtigen Vaterfigur nach den Regeln der Psychoanalyse zukommt. Und tatsächlich: Im zweiten Teil des Gleichnisses, wo der ältere Sohn vom Felde zurückkehrt, erleben wir die Wiederkehr der väterlichen Autorität des Täufers. Nicht nur, daß der ältere Sohn »einen Bock« als Attribut bekommt, einen vorenthaltenen Festbock, gewissermaßen das Gegenstück zu dem Sündenbock, der Jesus für Johannes war. Vor allem fällt auf, wie die Worte des älteren Sohnes den Vater kleinlaut werden lassen. Es sind Worte, die Jesu eigenen Zweifeln an der kühnen Vision von der heilenden göttlichen Gewalt eine Stimme geben. Sie machen deutlich, warum er das Herbeierzählen des Reiches Gottes so nötig hatte. Auch die eigenen Zweifel galt es wegzuerzählen.

Das Gleichnis vom verlorenen Sohn ist aus nichts als den persönlichen Fäden zwischen Jesus und Johannes gesponnen. Doch wieviel mehr ist das Gespinst als die Fäden. Es transzendiert sie wie ein kunstvoller Traum die latenten Traumgedanken, aus denen er komponiert ist. Jesus hat sich in diesem Gleichnis gewissermaßen selbst das Herz ausgeschüttet, ohne es irgend jemand zu zeigen, nicht einmal sich selbst. Ja, auch sich selbst mußte er seinen beschämend kleinen kindlichen Wunsch nach einem väterlichen Johannes, der ihm um den Hals fällt, verbergen. Er konnte diesen Wunsch nur in sich selbst verleugnender, sich selbst übersteigender Form ausdrükken: verflüchtigt in den Aggregatzustand einer Erzählung. Sie hat alle Merkmale dessen, was bei Freud »Traumentstellung« heißt. Aber sie zeigt auch, daß Entstellung nicht immer nur den gemeinen Sinn von Fälschung haben muß; sie kann, in großen Momenten, auch ein Hinauswachsen über sich selbst sein, und davon legt unser Gleichnis Zeugnis ab. Nirgends ist der Überschwang, das Unmaß, mit dem das Reich Gottes kommen soll, so kühn und so getarnt, so offensiv und so ergreifend wehrlos dargestellt worden wie hier.

Keine Frage, es ist das größte Gleichnis Jesu – und ein Schlüssel für seine andern. Man erkennt nun unschwer, daß das Gleichnis vom barmherzigen Samariter aus ganz ähnlichen Fäden besteht. Ein Mann wird auf der Reise von Jerusalem nach Jericho ausgeraubt und zusammengeschlagen. Ein Priester, der den gleichen Weg nimmt, zieht an dem Mann vorbei, ebenso ein Levit, und erst der dritte, ein des Wegs kommender Samariter, »lief hinzu, verband seine Wunden, goß Öl und Wein darauf, setzte ihn auf sein eigenes Reittier, führte ihn in eine Herberge und sorgte für ihn« (Lk 10, 34). Es ist diesem Gleichnis Jesu zu verdanken, daß im christlichen Kulturkreis das Wort »Samariter« gleichbedeutend mit »barmherzig« und zum Namensgeber diverser karitativer Organisationen geworden ist. Aber das war nicht die erzählerische Absicht. Im Gegenteil. Die Samariter (= die Bewohner Samariens) waren ein jüdischer Volksstamm, der sich ein eigenes Bergheiligtum auf dem Garizim erbaut hatte. Das war, aus der Sicht strenger Judäer, ein Tempel neben dem von Jerusalem, oder, noch schärfer gesagt, eine Gottheit neben Gott. Die Samariter waren ihrem Volk und seinem Gott abtrünnig, verstießen wissentlich gegen das erste Gebot und waren schlimmer als die Heiden. Im Gleichnis übt nun ein solcher Abtrünniger heilende Wirkung aus, während der Priester und der Levit, die beiden Repräsentanten der Gesetzesstrenge, nichts als die Unfruchtbarkeit des Ausschließens zu demonstrieren vermögen.

Zweifellos erzählt Jesus hier eine Geschichte von verfemter Heilkraft und insofern von *sich*. Seine Heilkraft ist vom Täuferkreis ebenso ausgeschlossen worden wie der Stamm der Samariter vom jüdischen Volk. Ausschließen rettet nicht, oder umgekehrt gesagt: Das wahrhaft Rettende ist das Ausgeschlossene. Bei Lukas wird aus diesem Gleichnis etwas ganz anderes. Er fingiert einen gelehrten Disput über das Gesetz. Zunächst legt er Jesus die Quintessenz des Gesetzes in den Mund: »Du sollst den Herrn, deinen Gott, lieben

[...] und deinen Nächsten wie dich selbst«. Dann läßt er »einen Gesetzeskundigen« (10, 25) die Fangfrage stellen: »Wer ist mein Nächster?« (10, 29) Daraufhin erzählt Jesus das Gleichnis. Danach muß der »Gesetzeskundige« schmallippig zugeben, daß für den, »der unter die Räuber fiel«, derjenige der Nächste war, »der ihm Barmherzigkeit erwies«, worauf Jesus kontert: »Gehe auch du hin und tue desgleichen.« (10, 36 f.) Damit ist der Samariter-Stachel abgebrochen und das Gleichnis zu einer schriftkonformen moralischen Anleitung zur Barmherzigkeit umgebogen worden.

Ein untrüglicher Indikator für echte Jesus-Gleichnisse ist jedoch das Amoralische. »Es war ein reicher Mensch, der hatte einen Haushalter. Von dem wurde ihm hinterbracht, daß er sein Vermögen verschwende. Und er rief ihn und sagte ihm: Was höre ich über dich? Gib Rechenschaft über deine Haushaltung; du kannst nicht mehr Haushalter sein. Der Haushalter aber sagte zu sich selbst: ›Was soll ich tun? [...] Ich weiß, was ich tun werde, damit, wenn ich von der Haushaltung entlassen werde, sie mich in ihre Häuser aufnehmen.‹ Und er rief jeden einzelnen der Schuldner seines Herrn zu sich und sagte dem ersten: ›Wieviel schuldest du meinem Herrn?‹ Der aber sagte: ›Hundert Bat Öl.‹ Er aber sagte ihm: ›Nimm deine Scheine und setze dich hin und schreibe schnell: fünfzig.‹ Dann sagte er einem andern: ›Du aber, wieviel schuldest du?‹ Der aber sagte: ›Hundert Kor Weizen.‹ Er sagt ihm: ›Nimm deine Scheine und schreibe: achtzig.‹ Und der Herr [sc. Jesus] lobte den Haushalter« (Lk 16, 1–8). Und dieses Lob, das so fest in der Tradition sitzt, daß selbst Lukas es nicht zu eliminieren wagt, hatte schon den Jüngern Kopfzerbrechen gemacht, denn es galt einem Betrüger. Dessen Vergehen aber war: Schulden erlassen, oder, etwas weniger ökonomisch gesagt, Schuld vergeben – ohne nach Berechtigung und Verdienst zu fragen.

Offenbar hat Jesus genügend Berührung mit Geldwirtschaft gehabt, um zu erkennen, daß es mit Vergebung erst dann wirklich ernst wird, wenn die vergebene Schuld *aus Schulden* besteht. Hätte etwa die Vergebung, die dem verlorenen Sohn zuteil wurde, lediglich bedeutet, daß ihm der Vater sein schmähliches Verschwinden und Verprassen nicht länger nachtrug – man könnte das Gleichnis mühelos als moralische Anleitung lesen, als Aufforderung zur Integration von Außenseitern, wie es in zahllosen Handreichungen zum Religionsunterricht bis zum Überdruß dargeboten wird. Der Haken ist jedoch: Der jüngere Sohn wird mit Festkleid, Ring und Schuhen ins Eigentum des älteren Sohnes eingesetzt, über das der Vater weiterhin verfügt. Er vergibt dem jüngeren, indem er Eigentum des älteren vergibt. Eine durchaus haarsträubende Form von Vergebung. Ähnlich skandalös ist die Vergebung des Haushalters. Aber so *ist* Vergebung, wenn sie denn ernstlich vollzogen wird. Unter geldwirtschaftlichen Bedingungen ist jede Vergebung unmotiviert, ungerechtfertigt, unmäßig, kurzum, sie rührt an die Grundlagen von Herrschaft und Tribut, von Vorleistung und Schulden. Wie das Gleichnis vom barmherzigen Samariter eine Erzählung von verfemter Heilkraft, so ist das Gleichnis vom ungerechten Haushalter eine von verfemter Vergebung. Und die christliche Zensur? Sie hat den Skandal, daß Jesus den dubiosen Haushalter lobte, hektisch zu ersticken versucht, indem sie ihm eine Auslegung nach der andern überstülpte. Tradition und Redaktion sind dabei kaum mehr auseinanderzuhalten. So habe der Haushalter »klug gehandelt«, »weil (!) die Söhne dieser Welt klüger sind als die Söhne des Lichts«; man solle sich Freunde mit »dem Mammon der Ungerechtigkeit« machen, »damit, wenn er ausgeht, sie euch in die ewigen (!) Hütten aufnehmen«, und »Wenn ihr nun beim ungerechten Mammon nicht treu werdet, wer wird euch das Wahre anvertrauen?« (Lk 16, 8– 11) Lauter mentale Übersprungshandlungen, denen kein Argument zu abstrus ist, um dem Haushalter doch noch eine moralische Seite abzugewinnen.

Jesu ausdrückliches Lob für den Haushalter muß schon für die Jünger ein Stachel im Fleisch gewesen sein. Deswegen hatten sie es sich so verdammt gut gemerkt. Und da war noch ein Gleichnis, das ihnen ähnlich zu schaffen machte. »Das Reich der Himmel gleicht einem Hausherrn, der früh am Morgen ausging, um Arbeiter für seinen

Weinberg einzustellen. Und als er mit den Arbeitern einig wurde über einen Denar als Tageslohn, sandte er sie in seinen Weinberg. Und als er ausging um die dritte Stunde, sah er andere müßig auf dem Markt stehen und sagte jenen: ›Geht auch hin in den Weinberg. Ich will euch geben, was gerecht ist.‹ Und sie gingen hin. Wiederum ging er aus um die sechste und um die neunte Stunde und machte es ebenso. Um die elfte Stunde aber ging er aus und fand andere und sagt ihnen: ›Was steht ihr den ganzen Tag da?‹ Sie sagen ihm: ›Es hat uns niemand eingestellt.‹ Er sagt zu ihnen: ›Geht auch ihr hin in den Weinberg.‹ Als es nun Abend wurde, sagt der Herr des Weinbergs seinem Verwalter: ›Rufe die Arbeiter und gib ihnen den Lohn, angefangen von den letzten bis zu den ersten.‹ Als aber die von der elften Stunde kamen, empfingen sie je einen Denar. Und als die ersten kamen, meinten sie, daß sie mehr empfangen würden, und auch sie erhielten je einen Denar. Als sie den aber empfingen, murrten sie gegen den Hausherrn und sagten: ›Diese letzten haben nur eine Stunde gearbeitet, doch du hast sie uns gleichgestellt, die wir des Tages Last und Hitze getragen haben.‹ Er antwortete einem und sagte: ›Mein Freund, ich tue dir nicht Unrecht. Bist du nicht mit mir einig geworden über einen Denar? Nimm, was dein ist, und geh! Ich will aber diesem letzten dasselbe geben wie dir.‹« (Mt 20, 1–14)

Der Weinberg und der Grad seiner Fruchtbarkeit sind seit Jesaia (5, 1 ff.) ein stehendes Bild für Israel und den Grad seiner Gottesfürchtigkeit. Jesus mobilisiert diese Assoziation, um sie jedoch sogleich zu unterlaufen. Er knüpft etwas buchstäblich Unerhörtes an den Weinberg. Sein Gleichnis ist einer der berühmtesten Belege dafür, daß es Lohnarbeit auch schon in der Antike gab. Der Kapitalismus hat sie nicht erfunden; er hat sie lediglich verallgemeinert und den Verkauf der Arbeitskraft zur ökonomischen Grundlage des gesamten Gesellschaftsprozesses gemacht. Die Kühnheit des Gleichnisses besteht nun darin, das Kommen des Reiches Gottes in den Koordinaten der Lohnauszahlung darzustellen. Diejenigen, die den ganzen Tag gearbeitet haben, hätten ihren Denar klaglos hingenommen, wäre da nicht der Vergleich mit denen, die nur ein Zwölftel der Zeit engagiert waren und das gleiche Quantum davontragen. Ausgehandelt war der eine Denar nur mit den ersten, und wenn man einmal beiseite läßt, daß natürlich die ganze Tagelöhnerei selbst schon ein Ausbeutungssystem ist, so ist zuzugestehen: Wer einen vereinbarten Lohn bekommt, dem geschieht kein Unrecht. Wenn diejenigen, die zwölf Stunden im Weinberg waren, trotzdem murren, so deshalb, weil ihnen zugemutet wird, sich Scheuklappen anzulegen. Sie sollen ihren Lohn lediglich an ihrem Vertrag messen, aber nicht an der Arbeitszeit ihrer Nebenleute. So aber läßt sich das Vergleichen nicht einschränken. Vergleichen ist elementare Denktätigkeit. Wo immer unterschieden und geurteilt wird, wird verglichen. Wer von Dingen redet, die man »nicht miteinander vergleichen« könne, *hat* bereits verglichen und den Eindruck gewonnen, daß besagte Dinge nicht gleichwertig seien. Absurd die Vorstellung, Leute könnten gemeinsam arbeiten, ohne einander zu vergleichen. Deshalb mag denen, die nach zwölf Stunden Arbeit einen Denar erhalten, vertragsmäßig kein Unrecht geschehen, und doch haben sie allen Anlaß, sich gefoppt zu fühlen. Ihr Murren ist, ähnlich wie im Gleichnis vom verlorenen Sohn die Wut des älteren Bruders, die Stimme der Gerechtigkeit. Wo Gerechtigkeit sein soll, da hat ein Reich Gottes, das wie der Überschwang eines unmäßig liebenden Vaters oder als gleicher Lohn für ungleiche Arbeit daherkommen will, keinen Raum. Umgekehrt gesagt: Wo es Raum greift, kommt es als Ende jeglichen Maßes, als Ende des Äquivalenzprinzips.

Wieder ein verstörend fremder Gedanke, den die christliche Zensur durch vertrautere abzufedern versuchte. Zuerst führt sie die Macht des Hausherrn ins Feld. »Ist es mir nicht erlaubt, mit dem, was mir gehört, zu tun, was ich will?« Dann kommt sie mit der Güte des Herrn und unterstellt den Murrenden einen bösen Blick: »Oder ist dein Auge böse, weil ich gut bin?« Schließlich macht sie aus dem erzählerischen Kunstgriff, die Lohnauszahlung in umgekehrter Reihenfolge geschehen zu lassen, der im Gleichnis den Konflikt einleitet, ein christliches Trostpflaster. »So werden die Letzten die

Ersten und die Ersten die Letzten sein.« (Mt 20, 15 f.) Soll heißen: Bei der Endabrechnung, der Wiederkehr Christi, werden die zuletzt Berufenen nicht schlechter dastehen als die ersten Zeugen. Drei hilflose Kommentare, die mit der Brisanz des Gleichnisses völlig überfordert waren. Aber immerhin hat es so tiefen Eindruck gemacht, daß es nahezu unversehrt überliefert worden ist.

Das Ende der Äquivalenz: das ist die Obsession, für die Jesus nicht aufhörte, nach Worten und Bildern zu suchen. Um sie kreisen sämtliche seiner Gleichnisse. Wo immer sie unzweifelhaft auf ihn zurückgehen, ist ihre Signatur der Überschwang, das Unmaß, die Bedingungslosigkeit. Das kann das Übermaß des Erbarmens sein wie beim Vater des verlorenen Sohns, aber ebenso das Unmaß der Lohnauszahlung wie bei den Arbeitern im Weinberg, die Unverschämtheit, mit der der betrügerische Haushalter Schuld vergibt, oder die Unvorhersehbarkeit eines Einbruchs: »Wenn der Hausherr wüßte, in welcher Stunde der Dieb kommt, so ließe er nicht zu, daß in sein Haus eingebrochen würde.« (Lk 12, 39) Und schließlich gehören einige Bilder vom Unmaß der Natur dazu. Da ist das Mißverhältnis des Senfkorns, das »am kleinsten unter allen Samen auf der Erde ist, und wenn es gesät ist, wächst es empor und wird größer als alle Kräuter und treibt große Zweige, so daß unter seinem Schatten die Vögel des Himmels Wohnung nehmen können« (Mk 4, 31 f.), und da ist vor allem das berühmte Gleichnis von der Unkalkulierbarkeit der Saat. »Es ging ein Sämann aus zu säen. Und es geschah, daß beim Säen das eine auf den Weg fiel, und es kamen die Vögel und fraßen es auf. Und anderes fiel auf Felsboden, [...] und sofort ging es auf, weil es keine tiefe Erde hatte. Und als die Sonne aufging, verbrannte es [...]. Und anderes fiel unter die Dornen, und die Dornen wuchsen empor und erstickten es [...]. Und anderes fiel in die gute Erde und gab Frucht [...] und trug dreißig- und sechzig- und hundertfach.« (Mk 4, 4–8)

Ein denkbar unspektakuläres Gleichnis, das seine Bekanntheit vornehmlich der Ratlosigkeit verdankt, die es offenbar schon bei den ersten Hörern hinterließ. Noch Markus laboriert ausgesprochen glücklos daran. Der engste Jüngerkreis, so läßt er Jesus sagen, habe Gleichnisse gar nicht nötig. »Euch ist das Geheimnis des Reiches Gottes anvertraut. Jenen draußen aber wird alles in Gleichnissen zuteil«, und zwar mit einer hanebüchenen, dem Propheten Jesaia entliehenen Zwecksetzung: »damit sie sehend sehen und doch nicht sehen und hörend hören und doch nicht verstehen, damit sie nicht umkehren und ihnen vergeben werde« (Mk 4, 11 f.). Bei Jesaia (6, 9 ff.) war diese paradoxe Formel eine Flucht nach vorn. Um nicht daran zu verzagen, daß seine Unheilsbotschaft auf taube Ohren stieß, hatte er die tauben Ohren nachträglich geweissagt, als sei seine Botschaft von vornherein auf Verstockung angelegt gewesen. Aber die Situation Jesu ist ganz anders. Seine Gleichnisse vom Reich Gottes sind das Gegenteil einer Unheilsbotschaft. Sie wollen besagtes Reich herbeierzählen, sein heilendes Kommen beschleunigen, und je mehr Resonanz die Erzählung findet, desto mehr wird die Heilkraft des Erzählers gestärkt. Ihm zu unterstellen, er habe den Außenstehenden lediglich vom Reich Gottes erzählen wollen, um es ihnen vorzuenthalten, ist ohne jedes Gespür für seine Lage. Und dann soll Jesus auch noch denjenigen, die es am wenigsten nötig hatten, Nachhilfeunterricht erteilt haben: seinem engsten Kreis. »Ihr versteht dieses Gleichnis nicht, und wie werdet ihr alle Gleichnisse verstehen? Der Sämann sät das Wort.« (4, 13 f.) Aha, »das Wort« scheint der Schlüssel zu sein, den Jesus nun zu seinem Gleichnis nachliefert. Doch der Schlüssel ist eine Erfindung der frühchristlichen Gemeinde. Sie läßt Jesus in ihren Parametern sprechen. »Das Wort« ist für sie selbstredend das Evangelium. Ihm legt sie eine vierfache Wirkung bei. Bei einigen fällt es »auf den Weg«, will sagen, es bleibt ganz äußerlich; bei andern gerät es »auf Felsboden«, das heißt, es schlägt keine tiefen Wurzeln; bei andern wird es unter den »Dornen« der weltlichen Sorgen und Begierden erstickt; und nur bei der Crème der Gemeinde findet es fruchtbaren Boden. Jeder prüfe sich, so der Tenor dieser Auslegung, ob das Evangelium bei ihm wirklich auf fruchtbaren Boden gefallen ist, denn für die Lauen und Halbherzigen ist keine Rettung vorgesehen.

An die Stelle der Unkalkulierbarkeit des kommenden Reiches treten vier Rubriken der Evangeliumsrezeption und ein moralischer Zeigefinger – Zeichen dafür, wie nötig die Gemeinde feste Raster hatte. Sogar das eher arglos-banale Bildwort vom Unmaß des Säens und Wachsens hatte etwas Bedrohliches für sie. Sie mußte daraus ein ordnendes Schema, eine Handlungsanleitung, kurzum eine Stütze ihres seelischen Gleichgewichts machen.

Bergpredigt

Schon für Johannes den Täufer war das Reich Gottes »nahe herbeigekommen«. Für Jesus war dessen Kommen noch dringlicher. Wenn er gegen Johannes Recht behalten, wenn seine Heilkraft sich vor aller Welt als unschuldig offenbaren sollte, dann mußte ihm das Reich *jetzt* beistehen. Deshalb sein Drang, es in Gleichnissen herbeizuerzählen. Deshalb freilich auch sein Gespür dafür, daß Gleichnisreden nicht ausreichten. Sie waren nicht zudringlich genug. Das, was sie erzählerisch umkreisten, mußte auch direkt angegangen – förmlich herbeigebetet, herbeigefordert, herbeigepriesen werden. Die Redeweise, die das tut, ist die Beschwörung. Sie ist gemeint, wenn es in den Evangelien lapidar heißt, daß Jesus »lehrte. Und sie gerieten außer sich (in Mt 7, 28 heißt es sogar: ›sie entsetzten sich‹) über seine Lehre. Denn er lehrte sie mit Vollmacht und nicht wie die Schriftgelehrten.« (Mk 1, 21 f.) Lehre, Verkündigung, Predigt sind hier nur Verlegenheitsworte für eine magische Redeweise, die sich von dem, wovon sie spricht, so erfüllt fühlt, daß sie sich davon gar nicht mehr unterschieden dünkt. Es soll in ihr schon spürbar werden; die Worte sollen schon die Sache selbst sein.

Die Beschwörung ist dabei gewissermaßen der Ernstfall des Gleichnisses. Was dieses in Bildworten umschreibt und ertastet, zieht jene buchstäblich auf einen Punkt zusammen: zur feierlichen Herbeirufung. Die kompakteste Sammlung solcher Beschwörungen enthält die sogenannte Bergpredigt. Jesus hat sie natürlich nie so gehalten, wie sie bei Matthäus steht, auch nicht in der schlankeren Version, die Lukas bietet und »Feldrede« genannt wird (Lk 6, 20–49). Hingegen ist es bei Jesu ausgeprägtem Bildsinn durchaus glaubwürdig, daß er auch einen Sinn für suggestive Orte hatte. Wie er wahrscheinlich wirklich einmal vom Boot aus zu einer am Ufer stehenden Menschenansammlung sprach (Mk 3, 9), so dürfte er sich auch nicht ungern auf Anhöhen postiert haben (Mk 3, 13). Von oben zu einer Gefolgschaft hinabzusprechen, verleiht suggestiven Worten zusätzlichen Nachdruck, und wenn der Berg, von dem aus verkündet wird, gar alle Beteiligten wie von selbst an den Berg schlechthin denken läßt, nämlich den Sinai, auf dem Mose einst das Gesetz zuteil geworden sein soll, dann ist die Kulisse perfekt, um feierlich zu sagen: »Dein Reich komme.« Das ist die Formel, die als *cantus firmus* der Bergpredigt, ja der Beschwörungsreden Jesu generell erachtet werden darf. Bekannt ist sie als die erste Bitte des Vaterunsers, dessen authentischer Kern nicht mehr umfaßt haben dürfte als folgende Worte: »Unser Vater; dein Reich komme; unser tägliches Brot gib uns heute; vergib uns unsere Schulden, wie auch wir vergeben unsern Schuldigern; führe uns nicht in Versuchung, sondern erlöse uns von dem Bösen.« (Mt 6, 9–13) Alles andere (»geheiligt werde dein Name«; »dein Wille geschehe«; »denn dein ist das Reich und die Kraft und die Herrlichkeit«) hat schon den Tonfall der christlichen Gemeinde, die das drängende Gebet Jesu schriftkonform zu machen und in die liturgische Dauerration zu verwandeln versucht, zu der es nach dem Ausbleiben seiner Wiederkehr denn auch tatsächlich geworden ist.

Dröselt man seine authentische Version einmal vom Ende her auf, so zeigt sich alsbald, daß das Vaterunser nicht minder tief in der Lebensgeschichte Jesu sitzt als das Gleichnis vom verlorenen Sohn. Was dort bildhaft ausgefaltet, ist hier formelhaft zusammengefaltet. »Die Versuchung«, in die wir nicht geführt werden sollen: was ist sie anderes als jene, in die Jesus selbst geriet, als »der Geist«, will sagen, die verstoßende Hand des Täufers, ihn in die Wüste trieb? »Das Böse«, von dem wir erlöst werden sollen: was ist es anderes als der Fluch, mit dem Johannes ihn belegt hatte und in dessen Abarbeitung sein ganzes öffentliches Auftreten bestand? »Unser tägliches Brot gib uns heute«: was ist das anderes als die Erinnerung daran, daß er in der Wüste »bei den Tieren« fast Hungers gestorben war? Und wieder zeigt sich Jesu fast übermenschliche Fähigkeit, über seine traumatische Erfahrung hinauszuwachsen. Statt sie klagend und anklagend zu memorieren, statt Vergeltung für sie zu erflehen, verschiebt er sie, wie andernorts in ein Gleichnis, nun in ein Gebet, in dem sie sich bis zur Unkenntlichkeit verdichtet und zugleich in den Wunsch nach dem Ende aller Vergeltung umwendet: So wie ich meinem Schuldner Johannes vergeben will, so vergib uns allen unsere Schulden. Dein Reich komme mit dem ganzen Überschwang eines liebenden Vaters, den mir Johannes vorenthielt.

Das, was Jesus im Gleichnis vom verlorenen Sohn und im Vaterunser gelang, würde man musiktheoretisch als Transposition in eine höhere Tonart bezeichnen, der man die grauenhafte Tiefe, aus der sie aufgestiegen ist, nicht mehr anhört. Dennoch hört sie nicht auf, sich als Schwingung mitzuteilen, die den Text grundiert und mit einer eigenartigen Intensität auflädt. Man merkt ihm an, daß er von ungleich mehr handelt, als seine schlichten Worte sagen. Sie sind nur das Nachbeben von Erschütterungen, die der Sprecher nicht verrät. Jesus hat offenbar viel für sich behalten müssen. Er dürfte im Kreise seiner Jünger mindestens so einsam gewesen sein, wie es eine gleichsam unbewachte Markus-Stelle andeutet: »Und sehr früh, noch bei Nacht, stand er auf und ging an einen einsamen Ort [...]. Und es verfolgten ihn Simon und die mit ihm waren, und sie fanden ihn und sagten ihm: ›Alle suchen dich.‹« (Mk 1, 35–37). Daß er gelegentlich seine Jünger floh und sie ihm nachstiegen: es gab keinen Anlaß, das zu erfinden, ebensowenig wie die im Markusevangelium immer wieder eingeräumte Unfähigkeit der Jünger, ihn zu verstehen. Gewiß brauchte Jesus dringend Leute, die an seine Heilkraft glaubten. Aber er konnte keine Leute gebrauchen, die von dem Fluch wußten, der auf seiner Heilkraft lag. Für die allmähliche Verfertigung seiner Gedanken beim Reden hatte er den Widerhall von Jüngern nötig, aber der Widerhall warf seine Worte auch auf ihn zurück. Seine Gedanken waren nichts ohne die Resonanz seiner Gefolgschaft, aber er war auch mit ihnen allein. Und so sind Gleichnis vom verlorenen Sohn und Vaterunser auch Zeugnisse dafür, wie jemand versucht, aus seiner Einsamkeit hinauszutreten und sich seinen nächsten Angehörigen mitzuteilen, ohne ihnen das Herz auszuschütten, weil er weiß, es würde sie überfordern und sein Verhältnis zu ihnen ruinieren. Wehe, wenn sie aufhörten, sein Resonanzboden zu sein, den er ebenso nötig hatte wie das tägliche Brot.

Man versteht nun vielleicht besser, was mit »Transposition in eine höhere Tonart« gemeint ist. Das Vaterunser hat einen erstaunlich hohen Allgemeinheitsgrad. In seine knappen, schlichten Worte kann sich – bis heute – jeder finden, der dem Glauben an ein kommendes Reich Gottes irgend etwas abzugewinnen vermag; und selbst wer ihn ganz und gar nicht teilt, kann sich nur schwer der Intensität dieser Worte entziehen. Dazu muß er rein gar nichts von den persönlichen Erlebnissen dahinter wissen. Ähnlich bei den andern großen Beschwörungen der Bergpredigt, die allesamt als Variationen des einen Themas gelesen werden können: »Dein Reich komme«. Als erstes die sogenannten Seligpreisungen. Authentisch davon sind allenfalls drei, und das auch nur in der knappen Form, in der Lukas sie bringt. »Selig die Armen, denn euer ist das Reich Gottes.« (Lk 6, 20) Das ist gewissermaßen ihr Aufmacher, der an anderer Stelle, wenn auch bereits christlich verbrämt, geradezu als die Quintessenz der Botschaft Jesu firmiert: »Den Armen wird das Evangelium gepredigt« (Mt 11, 5; Lk 7, 22).[76] Die zwei andern echten Seligpreisungen sind lediglich Varianten dazu: »Selig die jetzt Hungernden, denn ihr werdet gesättigt werden. Selig ihr jetzt Weinenden, denn ihr werdet lachen.« (Lk 6, 21) Bei Matthäus (5, 3 ff.) sind die Armen zu »Armen im Geist« geworden, die Hungernden zu Leuten, die »hungern und dürsten nach der Gerechtigkeit«. Ansonsten sind es die Sanftmütigen, Barmherzigen, Reinherzigen und Friedensstifter, die selig gepriesen werden. Mit andern Worten: Matthäus (oder die ihm vorliegende Tradition) vermochte das Reich

76 Siehe oben, S. 107

Gottes nur als himmlischen Lohn für bestimmte moralische Quali-
täten zu fassen – in den Koordinaten der Äquivalenz, denen es nach
der Vorstellung Jesu doch gerade ein Ende machen soll. Arme, Hun-
gernde, Weinende haben nichts, was man ihnen lohnen könnte; kein
Verdienst, keine Leistung spricht für sie. Wenn sie Jesus dennoch
selig dünken, und zwar jetzt schon, dann einzig auf den Kredit dessen, was ihnen in Kürze widerfahren soll. Seine Einbildungskraft
sieht sie bereits vom Glanz des kommenden Reichs angestrahlt, als
stünde es schon im Begriff, Armut, Hunger, Elend ultimativ auszutreiben – sie durch seine Heilkraft in Wohlgefallen aufzulösen.
Überschwang, Übermaß, Unverhältnismäßigkeit sind auch in den
Seligpreisungen die Insignien des Reiches Gottes.

Allerdings enthält die Bergpredigt auch ein Gegenstück dazu:
einen Überschwang der Strenge. Er findet sich in sechs schematisch
aneinandergereihten Antithesen, von denen allenfalls fünf authe-
tisch sind.[77] Jede von ihnen zitiert zunächst ein alttestamentliches
Gebot und stellt ihm eine Antwort Jesu gegenüber. Ich gebe von bei-
dem jeweils nur den Extrakt wieder, der unzweifelhaft jesuanische
Schärfe hat und noch keine beschwichtigenden, verwässernden
Zusätze der christlichen Tradition und Redaktion erkennen läßt.
»Ihr habt gehört, daß zu den Alten gesagt wurde: ›Du sollst nicht
töten [...]‹. Ich aber sage euch: Jeder, der seinem Bruder zürnt, wird
dem Gericht verfallen sein.« (Mt 5, 21 f.) »Ihr habt gehört, daß
gesagt ist: ›Du sollst nicht ehebrechen.‹ Ich aber sage euch: Wer eine
Frau ansieht, um sie zu begehren, der hat schon mit ihr die Ehe
gebrochen [...]‹.« (Mt 5, 27 f.) »Wiederum habt ihr gehört, daß zu
den Alten gesagt wurde: ›Du sollst nicht falsch schwören [...]‹. Ich
aber sage euch: Überhaupt nicht schwören. [...] Eure Rede aber sei
Ja für Ja und Nein für Nein. Was darüber hinausgeht, ist vom
Bösen.« (Mt 5, 33 f.; 37) »Ihr habt gehört, daß gesagt wurde: ›Auge
um Auge, Zahn um Zahn‹. Ich aber sage euch: Dem Bösen nicht
widerstehen, sondern« (Mt 5, 38 f.) – und hier sei ein Schwenk zu

---

77 Die dritte (Mt 5, 31 f.) hat Matthäus hinzuerfunden; cf. Gerd Lüdemann,
Jesus nach 2000 Jahren, l. c., S. 186 f.

Lukas gestattet. Er bringt die knappere, ungepolsterte Fortsetzung: »Dem, der dir auf die Backe schlägt, dem biete auch die andere dar; und dem, der dir deinen Mantel nimmt, dem verweigere auch das Untergewand nicht.« (Lk 6, 29) Und schließlich: »Ihr habt gehört, daß gesagt wurde: ›Du sollst deinen Nächsten lieben [...]‹. Ich aber sage euch: Liebt eure Feinde« (Mt 5, 43 f.) – und auch hier steht die knappere, schärfere Fortsetzung bei Lukas: »Tut wohl denen, die euch hassen, segnet die, die euch fluchen [...].« (Lk 6, 27 f.)

Jesu Aussprüche über das Zürnen, Ehebrechen und Schwören sind ohne ihren Rückbezug auf die erwähnten alttestamentlichen Gebote kaum verständlich. Sein Aufruf, dem Bösen nicht zu widerstehen und die Feinde zu lieben, gewinnt vor dem Hintergrund des einprägsamen »Auge um Auge, Zahn um Zahn« erst seine volle Tiefenschärfe. Schwerlich sind diese alttestamentlichen Zitate erst von christlichen Schriftkundigen nachgetragen wurden. Es spricht alles dafür, daß sie schon zu jener eisernen Ration von Gesetzeskenntnis gehören, die Jesus aus dem Täuferkreis mitnahm – wie der Fluch, der im Namen des Gesetzes auf seine Heilkraft fiel. Wenn er sie als unschuldig erweisen wollte, dann stand er vor einer ungeheuren Aufgabe. Seine Heilkraft mußte vor den höchsten Geboten bestehen. Das konnte sie aber nicht zu den Konditionen des Gesetzes, sondern nur zu ihren eigenen. Sie mußte selbst noch die höchsten Gebote überbieten, sie gewissermaßen infizieren, auf daß sie sich selber in Heilkräfte umwendeten. Nicht töten? Das war nicht genug. Wer wahrhaft heilend wirken will, darf nicht einmal zürnen. Nicht ehebrechen? Das war zu wenig. Geheilte Verhältnisse sind erst, wo kein Mann mehr begehrlich nach einer Frau sieht. Keinen Meineid schwören? Das reichte nicht aus. Immer, nicht nur unter Eid, ist wahr zu sprechen; also überhaupt nicht mehr schwören, aber stets sprechen, als sagte man unter Eid aus. »Auge um Auge, Zahn um Zahn«: das ist die berühmteste Formel für das Äquivalenzprinzip. Aber Äquivalenz begleicht lediglich, sie heilt nicht. Heilung muß mehr als begleichen: zum Mantel auch noch das Untergewand hinzutun, dem Fordernden im Übermaß geben, den

135

Fluch mit Segen beantworten, den Angriff mit einem Überschwang an Zuneigung; dem Bösen nicht aus Trägheit nicht widerstehen, sondern in einer bis zur Verblüffung und Beschämung offensiven Wehrlosigkeit.

Die christliche Optik vermag in dem Verkünder der Antithesen nur den sündlosen Jesus Christus wahrzunehmen. Er richtet Forderungen, die ihn selbst, den Vollkommenen, in keiner Weise betreffen, an seine Gefolgschaft und deren Verlängerung, die christliche Gemeinde, und die darf nun rätseln, wie sie gemeint waren. Als Aufforderungen zu einem radikal verschärften Gesetzesgehorsam? Vielleicht sogar als ethischer Ausnahmezustand für die finale Krisenzeit, sozusagen als »Interimsethik«? Oder handelte es sich um Forderungen, die gar nicht alle betrafen, sondern nur diejenigen, die als Missionare, Priester, Kleriker ihr Leben ganz dem Dienst an Christus weihen wollten? Oder gingen diese Forderungen zwar alle an, aber nur gewissermaßen außerberuflich, so daß sie als Privatpersonen dem Bösen ebensowenig widerstehen sollen, wie sie ihm als Bedienstete der Gerichtsbarkeit widerstehen müssen? Oder hat Jesus nur deshalb so radikal formuliert, damit alle Menschen ihre Unfähigkeit erkennen, seine Forderungen zu erfüllen, sich demütig als Sünder wahrnehmen und sich bereitwillig der Botschaft von seinem rettenden Tod »für unsere Sünden« öffnen?

Das sind ungefähr die Hauptoptionen, zwischen denen die christliche Auslegung der Antithesen bis heute hin und her dümpelt. Aufs Entscheidende kann sie von ihren Voraussetzungen aus freilich gar nicht kommen: daß Jesus hier ähnlich wie in den Gleichnissen und im Vaterunser erst einmal *von sich* gesprochen hat; daß es in den Antithesen, wie in seinem gesamten öffentlichen Auftreten, vorrangig um *ihn* ging: die Entsühnung seiner Heilkraft. Wann hätte denn dieser zutiefst skrupulöse Mensch sich endgültig entsühnt gefühlt? Nur, wenn ihm ein Leben ohne jeden Anflug von Zorn und Begehren gelungen wäre, ein unablässig wahres oder zumindest wahrhaftiges Sprechen, und dann das Schwerste: dem Bösen nicht zu widerstehen und die Feinde zu lieben, oder, *ad personam* gesagt, die Verstoßung durch Johannes bereitwillig hinzunehmen, sich weiter zu entfernen, als sie verlangte, und dem Verstoßenden gleichwohl zu begegnen wie der Vater dem verlorenen Sohn.

Nein, so zu leben schaffte auch Jesus nicht. Aber der brennende Entsühnungswunsch, der ihn umtrieb, war auf nichts Geringeres aus als auf dieses Leben. Er verlangte von sich mehr, als Menschen aus Fleisch und Blut leisten können. Aber genauso wie von sich verlangte er dies auch vom Reich Gottes. Es *mußte* seiner Heilkraft beispringen. Einerseits war sie dieses höheren Beistands zutiefst bedürftig. Andrerseits war sie aber auch die Kraft, ihn herbeizudrängen, dem Reich Gottes gewissermaßen keine andere Wahl zu lassen als zu kommen und sie zu beglaubigen. Somit war für Jesus die Bewährungsprobe seiner Heilkraft zugleich die Bewährungsprobe des Reiches Gottes. Sein Drama war auch das der Welt.[78] Und so tat er auch mit seinem ganz persönlichen Bewährungsdruck etwas, was wir schon vom Vaterunser und den Gleichnissen kennen: Er transponierte ihn in eine höhere Tonart, und das heißt in diesem Fall: in generelle, apodiktische Forderungen ohne Wenn und Aber. Nicht zürnen, nicht begehren, nicht schwören, dem Bösen nicht widerstehen, die Feinde lieben. Punctum.

Immoralismus

Jesus konnte nicht wissen, daß er damit den empfindlichsten Punkt der Menschheit treffen würde – das, was sie sich am meisten zugute halten zu können glaubte: ihr Ethos, ihre Moral. Deren damaligen Höchststand hat Matthäus prompt in die Bergpredigt eingeschleust und sich nicht gescheut, ihn Jesus so in den Mund zu legen, als hätte er gegen Ende seiner »Predigt« Seligpreisungen, Antithesen und Vaterunser noch einmal wie von höherer Warte aus zusammengefaßt: »Alles nun, was ihr wollt, daß euch die Leute tun sollen, das tut auch ihnen. Das ist das Gesetz und die Propheten.« (Mt 7, 12) Man nennt

78 Auch wenn sein Welthorizont kaum über die jüdischen Kernlande hinausgereicht haben dürfte und im Vergleich zu dem des Weltbürgers Paulus ganz provinziell war.

diesen Satz die »goldene Regel«. Sie war damals im Mittelmeerraum nicht ungeläufig, findet sich schon in Herodots *Historien*, allerdings in verneinender Form: »Ich will nicht tun, was ich am Nachbarn tadle.« (III 142, 3) Ähnlich im Buch Tobith, einer apokryphen Schrift des Alten Testaments: »Was dir selbst unangenehm ist, das tue niemandem« (4, 15). Im 2. Buch Henoch, einer andern Schrift aus dieser Sammlung, kommt die Regel hingegen bejahend daher: »Was ein Mensch für sich selbst vom Herrn erfleht, das soll er auch jedem Lebewesen tun.« (61, 1) Ein bemerkenswerter Umschwung. Wer tun soll, was er sich von anderen (sei es von Gott, sei es von Mitmenschen) wünscht, ist aufgefordert, in Vorleistung zu gehen. Er soll selbst die Wechselseitigkeit von Wohltaten in Gang setzen, ohne die kein Gemeinwesen Bestand hat – auch auf die Gefahr, daß die Wohltaten nicht erwidert werden –, statt bloß darauf zu warten, daß andere damit anfangen.

Doch auch die Vorleistung der goldenen Regel bleibt noch im Bann der Wechselseitigkeit. Sie setzt auf die Erwiderung dessen, was man gibt – fast schon so streng wie Kants kategorischer Imperativ. Nur daß der nicht bloß verlangt, das zu tun, was man sich selbst subjektiv wünscht, sondern das, was jederzeit von jedem zu verlangen ist, oder in Kants eigenen Worten: »Handle so, daß die Maxime deines Willens jederzeit zugleich als Prinzip einer allgemeinen Gesetzgebung gelten könne.«[79] Aber auch weniger rigorose Moralprinzipien beruhen auf Wechselseitigkeit; sei es das von der Diskursethik unterstellte »Apriori der Sprache und Kommunikationsgemeinschaft«,[80] der liberale »Grundsatz der Fairneß« als Element aller Gerechtigkeit[81] oder das utilitaristische Prinzip, »den Handlungsverlauf zu wählen, der per saldo für alle Betroffenen die besten Konsequenzen

79 Immanuel Kant, *Kritik der praktischen Vernunft*, A 54, Werke in zwölf Bänden, herausgegeben von Wilhelm Weischedel, Suhrkamp, Frankfurt am Main 1968, S. 140
80 Karl-Otto Apel, *Diskurs und Verantwortung*, Suhrkamp, Frankfurt am Main 1988, S. 448
81 John Rawls, *Eine Theorie der Gerechtigkeit*, Suhrkamp, Frankfurt am Main 1975, S. 130

hat«.[82] Wechselseitigkeit bedeutet zunächst lediglich: sich auf andere bezogen wissen, mit deren Interessen und Rechten die eigenen in Einklang zu bringen sind. Das ist der kleinste gemeinsame Nenner aller Moral, wie weit ihre Auffassungen sonst auch auseinandergehen.

Jesus hat für die Meriten der Wechselseitigkeit keine Antenne gehabt. Er sah nur ihr Ungenügen; das aber mit ungeheurem Scharfblick. Höflichkeiten, Nützlichkeiten, Freundlichkeiten, Zärtlichkeiten austauschen mag ja unerläßlich für den Bestand und die Fortpflanzung des Gemeinwesens sein. Aber ist Wechselseitigkeit nicht bloß ein anderes Wort für Äquivalenz? Vorteil um Vorteil, Ware um Geld, Kuß um Kuß: ist das nicht nur die Schokoladenseite des »Auge um Auge, Zahn um Zahn«? In der Tat, es bleibt im Bann der Vergeltung. Gutes wird durch Gutes beglichen, aber ebenso Böses durch Böses: Schuld durch Strafe, Gewalt durch Gewalt. Ein Reich Gottes, das als finale Vergeltung gedacht wird, kommt aus diesem Teufelkreis nicht heraus. Verletzung und Genugtuung durch neue Verletzung sind seine höchsten Kategorien. Es ist im Grunde nicht besser als die Welt, von der es erretten soll. Nur wer dem Bösen nicht mehr widersteht und seine Feinde vorbehaltlos liebt, macht wirklich Schluß mit der Vergeltung. Und es war ein tief Traumatisierter, der sich nach ihrem Ende sehnte – danach, daß mit seiner Verletzung alle Verletzungen aufhören sollten. Was aber tat er, als er diese Sehnsucht in kategorische Imperative transponierte? Kann man Feindesliebe fordern? Es ist damit ähnlich wie mit der Seligpreisung der Armen. Sie ist absurd, wenn kein höherer Beistand im Begriff steht, ihr zur Durchsetzung zu verhelfen. Auf den Kredit eines solchen Beistands sind auch die Antithesen vorgetragen. Was sie von den Menschen fordern, fordern sie nicht minder vom Reich Gottes. »Widersteht nicht dem Bösen, liebt eure Feinde« ist nur eine andere Art, »dein Reich komme« zu sagen. Der Feindesliebe ist dabei eine eschatologische Initialzündung zugedacht. Sie soll dem »Reich« gleichsam das Licht vorantragen, so daß ihm gar nichts

82 Peter Singer, *Praktische Ethik*, Reclam, Stuttgart 1994, S. 30

anderes übrig bleibt als zu kommen und alle Feindseligkeit der bestehenden Welt aufzulösen.

Wenn aber das Reich nicht kommt und die Welt bleibt, wie sie ist? Dann ändert sich der ganze Prospekt. Die eschatologischen Forderungen der Antithesen sinken zu moralischen ab: zu Anweisungen, wie man sich in dieser Welt »richtig« zu verhalten habe. Und in dieser Funktion sind sie schlicht untauglich. Jede andere Moral ist geeigneter, sich in der Welt zurechtzufinden, als die zur Moral ernüchterten Antithesen. Wie soll man denn Zorn und Begehren unterbinden, solange die Menschen Triebwesen sind? Wie soll das Verbot des Eids für allseits wahrhaftige Rede bürgen? Kein Gemeinwesen ist von Dauer, wenn es dem Bösen nicht widersteht und seine Gerichtsbarkeit durch das Gebot der Feindesliebe ersetzt, wie auch keines Bestand hat, wenn es sich den Vater des verlorenen Sohnes zum Vorbild nimmt, Lohn auszahlt wie der Weinbergsbesitzer oder Schulden erläßt wie der von Entlassung bedrohte Haushalter. Das Gebot der Feindesliebe ist in dieser Welt nicht befolgbar, und die Geschichte seiner Auslegung besteht in dem unablässigen Versuch, es befolgbar zu machen, es entweder so einzuschränken, daß es nur für bestimmte Personen und Lebensbereiche gilt, oder es so zu verwässern, daß schon die ersten Schritte zu einseitiger militärischer Abrüstung unter Feindesliebe fallen[83] oder gar der Kampf gegen die Unterdrücker, weil er so freundlich ist, »sie von sich selbst, d. h. aus ihrer unmenschlichen Lage [zu] befreien«.[84]

Erfüllbar wäre das Gebot der Feindesliebe erst, wo es keine Feindseligkeit mehr gibt, also wo es sich erübrigt. Es in dieser Welt erfüllen zu wollen ist Wahn. Aber man muß auch sehen, wogegen es sich sträubt. Daß es immer so weitergeht mit Verletzung um Verletzung, Gewalt um Gewalt, und kein Ende abzusehen ist: ist das denn minder wahnhaft? Selbst die sublimste Moral bleibt dieser Mechanik verhaftet, solange sie über die Wechselseitigkeit nicht hinauskommt. Gewiß, es gibt keine Verantwortung ohne Wechselseitig-

83 Franz Alt, *Frieden ist möglich*, Piper, München 1983, S. 10
84 Gustavo Gutiérrez, *Theologie der Befreiung*, Grünewald, Mainz 1973, S. 263

keit. Sie ist eine große Errungenschaft. Aber wenn sie zum *non plus ultra* aufgespreizt wird, schlägt sie in den Wahn um, daß alles erst dadurch einen Sinn empfängt, daß ihm durch ein Äquivalent vergolten wird. So steht im Feindesliebegebot Wahn gegen Wahn: der Wahn eines überschwenglichen Wunsches gegen den Wahn des Realitätsprinzips. Ein absurd überspanntes Gebot hält einer nicht minder absurden Vergeltungspraxis den Spiegel vor: den einzigen, worin sich das zum Weltsinn aufgespreizte Äquivalenzprinzip voll reflektieren kann.

Jesus hatte nur einen Vorläufer: den Autor der Hiobdichtung. Hiob, durch ein ihn furchtbar prüfendes Geschick seiner Habe und seiner Kinder beraubt und mit unerträglichem Aussatz geschlagen, sitzt in der Asche, kratzt sich mit einer Scherbe und verflucht den Tag seiner Geburt, als seine drei Freunde ihn besuchen und ihn in langen Reden beschwören, sein Leiden als Strafe anzunehmen und ihr Äquivalent offenzulegen: den Frevel, den er begangen hat. »Bedenke doch, wer geht ohne Schuld zugrunde? Wo werden Redliche im Stich gelassen? Wohin ich schaue: Wer Unrecht pflügt, wer Unheil sät, der erntet es auch.« (Hi 4, 7 f.) Doch darauf kann sich Hiob nicht einlassen. Er sieht beim besten Willen in seinem Leben keine Verfehlung, die zu seinem Leiden in einem annehmbaren Verhältnis stünde. Er weigert sich, seinem Leiden durch ein Schuldbekenntnis Sinn zu geben und darin Gottes Gerechtigkeit zu erkennen. »Seine [Gottes] Pfeile umschwirren mich, schonungslos durchbohrt er mir die Nieren, er schüttet meine Galle zur Erde. [...] Mein Gesicht ist vom Weinen rot, und Dunkel liegt auf meinen Wimpern. Doch kein Unrecht klebt an meinen Händen, und mein Gebet ist lauter. O Erde, decke mein Blut nicht zu, und ohne Ruhestatt sei mein Hilfeschrei.« (Hi 16, 13–18) Lieber sterben und sein Blut zum Himmel schreien lassen als vor Gott einknicken und einen Frevel zugeben, dessen man nicht schuldig ist. Lieber auch noch von seinen Freunden verlassen zugrunde gehen als in die Litanei der Äquivalenz einstimmen: daß dem Leiden immer eine Schuld entspricht.

Hiobs Sträuben gegen das Äquivalenzprinzip ist ein großes Stück alttestamentlicher Literatur. Fraglich, ob Jesus es auch nur vom Hörensagen gekannt hat. Aber er sträubte sich auf ganz ähnliche Weise. Er konnte nicht akzeptieren, daß seine Heilkraft schuldig sei, auch wenn die moralische Autorität schlechthin, über die hinaus es »keinen Größeren« unter den »von Frauen Geborenen« (Mt 11, 11) gab, sie mit einem Fluch belegt hatte. Der Fluch war da, wie bei Hiob der Aussatz. Aber er war zu Unrecht da. Deshalb wurde das Aufbegehren gegen ihn zum Aufbegehren gegen das Äquivalenzprinzip selbst. Auch Gott war nicht mehr in Äquivalenzkategorien zu denken, sondern nur noch als überschwengliche, die Welt väterlich umfassende Heilkraft. In dem Maße, wie Jesus sich als deren Vorbote verstehen lernte, scherte er sich nicht mehr um Verhältnismäßigkeit, oder, in der Terminologie der Thora, um Gerechtigkeit. Er fragte nicht danach, ob diejenigen, die er heilte, es verdienten, ob diejenigen, mit denen er Mahlgemeinschaft hielt, dessen würdig waren, ob seine Jünger seinen Worten und Taten angemessene Resonanz boten, ob die Figuren seiner Gleichnisse erstrebenswerte Vorbilder abgaben, ob die Forderungen, die er dem Gesetz entgegenstellte, auch nur die geringste Chance auf Erfüllbarkeit hätten. Sein Auftreten war, in einem sehr buchstäblichen Sinne, amoralisch. Es mußte alle Moralisten gegen sich aufbringen, nicht nur, weil es ihren Moralkriterien nicht standhielt, sondern weil es das Ungenügen der Moral selbst demonstrierte. Es trieb der Moral, um es mit Nietzsche zu sagen, »alle schlechten Instinkte ins Gesicht«.[85]

Hiob ist ein literarisches Konstrukt. Jesus war ein historische Figur und insofern wirklich »der erste Immoralist«. Jedenfalls gebührt ihm dieser Titel weit eher als demjenigen, der sich erstmals ausdrücklich so nannte: Nietzsche.[86] Freilich war der »Immoralismus« Jesu eine im Wortsinn »primitive Denktätigkeit«, fast noch reflexartig befangen in der archaischen Magie von Fluch und Entsühnung, und weit entfernt von der geistigen Höhe, auf der Nietzsche der Moral der

85 Friedrich Nietzsche, *Ecce homo*, KSA 6, S. 303
86 Friedrich Nietzsche, *Ecce homo*, l. c., S. 366

gesamten Philosophie die »schlechten Instinkte ins Gesicht« zu treiben suchte. Doch je mehr Nietzsche seine durch körperliche Gebrechen grundierte Überempfindlichkeit gegen Kultur, Moral, ja die Vernunft selbst als eine Art »Passion« zu begreifen begann,[87] je mehr er in möblierten Hinterzimmern zwischen Sils Maria und Turin vereinsamte, desto mehr wuchs seine Affinität zu Jesus. Gar nicht verwunderlich daher, daß *Der Antichrist*, jener »Fluch auf das Christentum«, den er noch kurz vor dem Versinken in geistige Umnachtung wie im Rausch niederschrieb, eine der kühnsten Verklärungen Jesu enthält. In Jesus findet Nietzsche den Immoralismus, um den er unter Mobilisierung aller geistigen Kräfte ringt, bereits auf eine unbedarfte Weise gelebt, um nicht zu sagen, erfüllt.

»Wenn ich irgend Etwas von diesem grossen Symbolisten verstehe, so ist es das, dass er nur *innere* Realitäten als Realitäten, als ›Wahrheiten‹ nahm, – dass er den Rest, alles Natürliche, Zeitliche, Räumliche, Historische nur als Zeichen, als Gelegenheit zu Gleichnissen verstand.« »Eine solche Symbolik par excellence steht ausserhalb aller Religion, aller Cult-Begriffe, aller Historie, aller Naturwissenschaft, aller Welt-Erfahrung [...]. Die *Cultur* ist ihm nicht einmal vom Hörensagen bekannt, er hat keinen Kampf gegen sie nöthig, – er verneint sie nicht [...]« »Gerade der Gegensatz zu allem Ringen, zu allem Sich-im-Kampf-fühlen ist hier Instinkt geworden: die Unfähigkeit zum Widerstand wird hier Moral (›widerstehe nicht dem Bösen‹ das tiefste Wort der Evangelien, ihr Schlüssel in gewissem Sinne)«. »Man übersetze sich einen solchen physiologischen habitus in seine letzte Logik [...] als Widerwille gegen jede Formel, jeden Zeit- und Raumbegriff, gegen Alles, was fest, Sitte, Institution, Kirche ist, als Zu-Hause-sein in einer Welt, an die keine Art Realität mehr rührt, einer bloss noch ›inneren‹ Welt, einer ›wahren‹ Welt, einer ›ewigen‹ Welt [...] ›Das Reich Gottes ist *in euch*‹ [...]«[88]

---

87 Zum Doppelsinn seiner »Vernunftpassion« cf. Christoph Türcke, *Der tolle Mensch. Nietzsche und der Wahnsinn der Vernunft*, zu Klampen, Lüneburg ⁴2000, S. 64 f.
88 Friedrich Nietzsche, *Der Antichrist. Fluch auf das Christenthum*, KSA 6, S. 206, 204, 199 f., 200

Es hilft nichts: Jesuanischer Originalton ist nun einmal »Dein Reich komme«, während »das Reich Gottes ist in euch« (Lk 17, 21) – manche übersetzen auch »unter euch« – bereits die Verlegenheitsauskunft eines Evangelisten auf die peinliche Frage ist, wo denn das Reich, in das der wiederkehrende Christus die Seinen heimholen soll, abgeblieben sei. Nietzsche hat sich bis zur Ignoranz gegen die Naherwartung vermauert. Stattdessen fällt er auf einen jener Evangelisten herein, für deren »Wort- und Gebärden-Falschmünzerei«[89] er sonst nur Schimpfkanonaden übrig hat. Er nimmt das, was Jesus heilend, erzählend, beschwörend herbeidrängen wollte, als bereits durch ihn realisiert, als hätte er »wie ein Buddha«[90] vollkommen in sich geruht, ebenso unfähig, dem Bösen zu widerstehen wie in Formeln, Sätzen, Lehren zu sprechen.

Das ist eine krasse Fehleinschätzung, ändert aber nichts an Nietzsches Verdienst. Zwar ist er nicht »der erste Immoralist«, aber der erste, der den Immoralismus Jesu herausgearbeitet hat. Gelegentlich mit geradezu verblüffender Empathie, etwa wenn er ihm »eine ins Geistige zurückgetretene Kindlichkeit«[91] attestiert. Tatsächlich ist Jesus auf eine unverwechselbare Weise Kind geblieben. Zwar hat er sich keineswegs, wie von Nietzsche gedacht, vollkommen in den Kokon seiner kindlichen Wunschwelt eingesponnen, so daß er bis zum Widerstand der äußeren Welt, psychologisch gesprochen, bis zum Realitätsprinzip, gar nicht vorgedrungen wäre. Vielmehr bekam er die Härte der äußeren Realität furchtbar zu spüren. Doch sie vermochte seinen kindlichen Wunsch, es möge alles gut und nichts mehr vergolten werden, nicht zu ersticken, sie fachte ihn bis zur Obsession an. Seine Kindlichkeit war eine durch keine äußere Realität zu löschende Glut. Alles, was ihm von außen zustieß, hat er in sie einzuschmelzen versucht. Sofern das Realitätsprinzip Äquivalenzprinzip ist, hat Jesus sich kraft dieser Glut mit allen Fasern dagegen gesträubt. Aber sein Sträuben war glühendes Wünschen,

89 L. c., S. 219
90 L. c., S. 202
91 L. c., S. 203

144

nicht Ruhen in sich. Und je brennender ein Wunsch, desto mehr ist er auf seine Erfüllung aus. Was also sollte Jesus tun, wenn seine Heilungen, seine Mahlzeiten, Gleichnisse und Beschwörungen nicht ausreichten, das Reich Gottes herbeizudrängen? Es blieb ihm dann nur noch eines ...

Finale

Hat man einmal ernsthaft erwogen, *warum* Jesus nicht in Galiläa blieb, sondern nach Jerusalem zog? Die Synoptiker verraten es nicht. Stattdessen geben sie Leidensankündigungen. »Siehe, wir gehen nach Jerusalem und der Menschensohn wird den Hohenpriestern und Schriftgelehrten übergeben werden.« (Mk 10, 33) Lukas fügt noch hinzu: »Und es wird alles vollendet werden, was geschrieben ist durch die Propheten« (Lk 18, 31). Einfacher gesagt: Jesus ging, weil es vorausgesagt war, entweder durch ihn selbst oder die Propheten. Das ist, einmal mehr, das bekannte Schema der nachträglichen Weissagung, aber keine Erklärung. Und der Evangelist Johannes? Er hat die *eine* Reise Jesu mit seinen Jüngern nach Jerusalem in mehrere aufgeteilt. Gleich zu Beginn seines öffentlichen Auftretens sei Jesus schon einmal zum Passah gekommen (Joh 2, 13), später dann zum Laubhüttenfest (Joh 7, 10 ff.) und zum Tempelweihfest (Joh 10, 22 f.) so daß es fast schon zum guten Ton gehört, daß Jesus nun wieder zum Passah kommt, zumal er sich ohnehin in der Gegend aufhält. Nun deutet zwar alles darauf hin, daß Jesus mit seinen Jüngern wirklich zum Passah in Jerusalem eintraf, aber nicht, weil er mit ihnen dort einmal Passah feiern wollte, sondern weil das, was er dort wollte, gut zum Passah paßte. Das Passah ist nicht das Motiv für seine Reise, die Leidensankündigungen sind es auch nicht. Wo also ist es?

Blenden wir zurück. Als Johannes der Täufer am Jordan auftrat, kamen zu ihm »das ganze judäische Land und alle Jerusalemer« (Mk 1, 5). Auf letztere war es natürlich besonders abgesehen. Die Wüste als Ort der wahren Buße und Reinigung sollte der Gegenpol zum Jerusalemer Tempel sein, dem Sinnbild der Zivilisation, Seßhaftigkeit und Korruption. Was aber machte die Johannestaufe für Leute aus Jerusalem attraktiv? Woher wußten sie überhaupt von ihr? Stammte der Täufer vielleicht selbst aus Jerusalem und hatte von dort aus, gewissermaßen aus dem neuen Ägypten, einen demonstrativen Exodus in die Wüste zelebriert, den die Jerusalemer, die sich von ihm taufen lassen wollten, dann nachvollziehen mußten? Seiner Bildbegabung wäre das durchaus zuzutrauen gewesen, aber das heißt noch längst nicht, daß es auch so war. Und woher kam Jesus? Die Spur seiner Jugend verlor sich mit seinem Weggang aus Nazareth und findet sich erst beim Täufer wieder. Was dazwischen war, verschweigen die Quellen. Oder vielleicht doch nicht ganz?

Daß der Evangelist Johannes Jesus viermal statt einmal mit seinen Jüngern nach Jerusalem ziehen läßt, ist Geschichtsfälschung. Aber wie, wenn sie gleichwohl Niederschlag von etwas Historischem wäre; nämlich daß Jesus, als er mit seiner kleinen Gefolgschaft in der Stadt einzog, dennoch an keinen unbekannten Ort kam, weil er sich früher, *bevor* er zum Täufer kam, bereits dort aufgehalten hatte? Gibt es ein Indiz, das diesen Verdacht erhärten könnte? Nun, wir haben es längst berührt: das Gleichnis vom barmherzigen Samariter. Es stammt von Jesus selbst und handelt, wie gezeigt, von seiner verfemten Heilkraft. Er hat sie in die Figur eines von der Jerusalemer Tempelgemeinschaft ausgeschlossenen Samariters transponiert. Zudem tut er in diesem Gleichnis etwas, was er sonst stets unterläßt: Er macht Ortsangaben. Der verlorene Sohn zieht »in ein fernes Land«; wo der betrügerische Haushalter sein Unwesen treibt oder sich der Weinberg befindet, dessen Besitzer so merkwürdige Zahlungsgewohnheiten hat, bleibt unbestimmt. Aber die Geschichte vom Samariter beginnt: »Ein Mensch zog von Jerusalem nach Jericho hinunter und fiel unter die Räuber.« (Lk 10, 30). Das ist ein geographisch ganz realistisches Szenario; »der einsame, 27 km lange Abstieg von Jerusalem nach Jericho ist noch heute für Raubüberfälle berüchtigt«, betonte Joachim Jeremias in den 1960er Jahren.[92]

92 Joachim Jeremias, *Die Gleichnisse Jesu*, l. c., S. 135

Selbst wenn sich das inzwischen geändert haben sollte – aus dem ersten Satz des Gleichnisses spricht Ortskunde. Jesus muß den Weg von Jerusalem nach Jericho gekannt haben. Es lag ihm daran, ihn ausdrücklich zu erwähnen – in einem Gleichnis, worin er kaum verhüllt von *sich* erzählt. Wenn er auch den Samariter diesen Weg gehen und auf ihm heilend tätig werden läßt, so deutet alles darauf hin, daß dies tatsächlich der Weg war, auf dem er seinem eigenen Samariterschicksal entgegenging: der Verstoßung aus der Täufergemeinschaft. Der Weg nach Jericho ist auch der Weg zum Jordan. Als Jesus zu Johannes kam, kam er von Jerusalem.

Auf welchen Wegen, aus welchen Motiven er von Nazareth nach Jerusalem gelangt war und was er dort getrieben hat, liegt völlig im Dunkeln. Nun beginnt es sich zu lichten, und was hervortritt, sind zwei Wege: die beiden Johannes-Wege Jesu. Der eine führte ihn von Jerusalem zu Johannes hin; man könnte ihn den Weg der Attraktion nennen. Der andere, der Weg der Repulsion, führte ihn von Johannes weg – zurück in seine galiläische Heimat. Dort fand er seinerseits Jünger, zog mit ihnen umher – ob eher Monate oder Jahre, ist schwer zu sagen – und suchte auf seine Weise das Reich Gottes herbeizudrängen. Aber es kam nicht. Seine gespannte Erwartung wurde immer unerträglicher. Da drängte sich ihm allmählich als letzter Ausweg der Weg nach Jerusalem auf: zurück an den Ort, von dem aus er einst ins Kraftfeld des Täufers aufgebrochen war. Der Startpunkt dieses verhängnisvollen Gangs mußte auch sein Schlußpunkt sein. Nur im Tempel konnte er erleben, daß das Reich Gottes herabkam und seiner Heilkraft die endgültige entsühnende Bestätigung brachte, nicht in Galiläa.

Die dreimalige Leidensankündigung des Markusevangeliums läßt sich durchaus als das ferne Echo eines mühsam reifenden Entschlusses wahrnehmen. Man muß sie bloß umgekehrt lesen: nicht als Leidensankündigung, sondern als Leidenseingeständnis. Ihre Logik ist nicht »Wir müssen nach Jerusalem, weil ich dort leiden werde«, sondern »Wir müssen nach Jerusalem, weil ich es hier nicht mehr aushalte«. Dann begreift man auch, warum die erste Leidensankündigung, die das Reizwort »Jerusalem« sorgsam ausspart und nur von »den Ältesten und den Hohenpriestern« redet, die Jesus töten werden, geradezu einen Tumult auslöst. »Erste Leidensankündigung« ist eine Chiffre für die erste Eröffnung des Wunsches, nach Jerusalem zu ziehen. Sie schlug ein. »Und Petrus nahm in zur Seite und begann ihn zu bedrohen. Er aber wandte sich um, sah seine Jünger und bedrohte Petrus und sagt: ›Tritt hinter mich, Satan, denn du hast nicht Gottes Sache im Sinn, sondern des Menschen Sache.‹« (Mk 8, 31–33) Im Klartext: Die Jünger waren konsterniert. Sie verspürten nicht die geringste Neigung, in die Stadt der Hohenpriester zu reisen. Sie drohten Jesus mit dem Schlimmsten: der Aufkündigung ihrer Gefolgschaft. Was war er ohne sie? Er muß in seiner Verzweiflung umgekehrt gedroht haben, sie zu verfluchen, wenn sie ihm abtrünnig würden. Darauf deutet das Wort »Satan«, das so gar nicht nach Feindesliebe klingt, unmißverständlich hin. Diese Drohung verfehlte ihre Wirkung nicht. Sie fügten sich, zogen mit ihm, und seine Suggestivkraft sorgte dafür, daß seine ungeheuren Erwartungen an diese Reise allmählich auch ihre wurden.

Zurück nach Jerusalem, war also die Devise, oder, in Worten Freuds: »Erinnern, Wiederholen und Durcharbeiten«[93]. Genau das tat Jesus nämlich nun, natürlich nicht im wohlgesetzten Rahmen einer psychoanalytischen Kur, sondern ungleich elementarer, primitiver, sinnlicher – in geographischen Dimensionen. Er stellte sich noch einmal jenen beiden Schicksalswegen, deren Knotenpunkt Johannes gewesen war. Es galt, sie noch einmal zu durchmessen, die Attraktion und Repulsion, die sie auf ihn ausgeübt hatten, noch einmal durchzumachen, allerdings im Zeitraffer und *in umgekehrter Richtung*. Den Weg des Fluchs rückwärts gehen hieß die finale Rücknahme des Fluchs symbolisch einzuleiten: sein Ende geradezu mit den Füßen herbeizudrängen. Daraus ergibt sich die Reiseroute: zunächst von Galiläa aus südwärts am Jordan entlang bis zu dem

93 Sigmund Freud, *Erinnern, Wiederholen und Durcharbeiten. Weitere Ratschläge zur Technik der Psychoanalyse II*, l. c., Ergänzungsband, S. 205 ff.

Ort, an dem Johannes einst getauft hatte; und dann von dort aus westwärts über Jericho hinauf nach Jerusalem.

Der »Ort, wo Johannes zuerst getauft hatte«, hat im ganzen Neuen Testament keinen Namen. Und er kommt auch nur einmal vor – in einem ganz unglaubwürdigen Zusammenhang. Der Evangelist Johannes behauptet, Jesus sei beim »Tempelweihfest« in Jerusalem gewesen, »die Juden« hätten von ihm wissen wollen, ob er der Christus sei, seine Antwort brachte sie so auf, daß sie ihn steinigen wollten, doch er entkam (Joh 10, 22–39). »Und er ging wieder fort auf die andere Seite des Jordans an den Ort, wo Johannes zuerst getauft hatte, und blieb dort.« (Joh 10, 40) Was ihn ausgerechnet an diesen Ort getrieben haben sollte, ist rätselhaft. Wie aber, wenn wir es wieder einmal, wie schon mehrfach im Johannesevangelium, mit einem versprengten und verdrehten Versatzstück zu tun hätten, das nur umgekehrt gelesen werden muß, um plausibel zu werden? Dann ergäbe sich folgender Sachverhalt: Als sich Jesus mit seinen Jüngern an den Ort begab, wo Johannes zuerst getauft hatte, da kam er nicht von Jerusalem, sondern aus Galiläa. Als er aber von Jerusalem an diesen Ort kam, da lebte Johannes noch dort, während Jesus noch keine Jünger hatte; er kam, um sich taufen zu lassen. Der Vers wäre also ein typischer Fall von Verdichtung. Er legt zwei Reisen, die zu ganz verschiedener Zeit und aus entgegengesetzter Richtung auf dasselbe Ziel zuliefen, so übereinander, daß sie sich wechselseitig entstellen und verwischen, vor allem zum Nachteil der zweiten Reise. Sie ist fast unleserlich geworden. Der Ort der Johannestaufe ist nahezu ausradiert aus dem neutestamentlichen Gedächtnis, und er dürfte verwaist gewesen sein, als Jesus mit seinen Jüngern an ihn zurückkehrte. Was er dort sagte und tat, wie lange er blieb, das läßt sich freilich nicht mehr aufhellen. Danach wird es wieder lichter. Daß sie nach Jericho kamen, ist glaubwürdig bezeugt (Mk 10, 46), und von dort stiegen sie hinauf nach Jerusalem.

Das Finale dort ist von Legenden überwuchert. Die erste ist, daß Jesus auf einem jungen Esel auf palmenzweigbestreuter Straße unter Hosanna-Rufen eingezogen sei (Mk 11, 1–10). Doch seine

Gruppe wird unter den vielen Pilgern, die zum Passahfest nach Jerusalem kamen, kaum gesondert wahrgenommen worden sein. Das ändert nichts daran, daß sie mit höchsten Erwartungen kam. »Dein Reich komme«: endlich sollte sich das erfüllen. Historisch glaubwürdig ist die Selbstverständlichkeit, mit der Markus »nach Jerusalem kommen« und »in den Tempel gehen« gleichsetzt (11, 11 und 15). Für Jesus war beides eins. Es mag sogar stimmen, daß er zweimal hinging; am Ankunftstag, um sich »alles anzusehen« (V. 11), und erst am Tag darauf (V. 15), um das zu tun, um dessentwillen er die Reise auf sich genommen hatte. »Und als er in den Tempel eintrat, begann er die Verkäufer und Käufer im Tempel hinauszutreiben, und die Tische der Geldwechsler und die Stühle der Taubenverkäufer stieß er um.« (Mk 11, 15)

Jesus kannte Jerusalem. Er wußte, wie es im Tempel zuging. Angewidert davon war er einst zum Täufer gekommen. Seine Tempelaktion war keine spontane Gemütsaufwallung; sie war geplant. In ihr zogen sich die drei Seiten seines öffentlichen Auftretens, Heilung, Erzählung, Beschwörung, noch einmal zu einer äußersten Verdichtung zusammen. Wie sonst Kranken ihre Dämonen, so trieb er nun dem Tempel selbst seinen unsauberen Geist aus: den Geist von Geld und Ware, das Äquivalenzprinzip. Damit präsentierte er ein Gleichnis für das Kommen des Reiches, aber nicht mehr bloß mit Worten, sondern durch die Tat. Er beschwor damit das Reich herbei, aber eben nicht mehr nur gestisch-verbal, wie in den Seligpreisungen und Antithesen, sondern wie die Hebamme das Kind herbeidrängt, wenn sie die Geburt einleitet. Der Tempel war korrupt. Diese Überzeugung teilte Jesus bis zum Schluß mit Johannes. Aber unter dem Eindruck seiner eigenen geschändeten Heilkraft dämmerte ihm ein ungeheurer Gedanke, der weit über den Horizont des Täufers ging. Wenn denn der Tempel korrumpiert und geschändet war, war er dann nicht auch das größte Sinnbild menschlicher Heilungsbedürftigkeit? Mußte dann nicht die göttliche Heilkraft zunächst über *ihn* kommen – und von dort aus über die Welt? Dann war aber das Kommen des Reichs ungenügend vorbereitet, wenn bloß das Opferfeuer für den Kaiser aus dem Tempel entfernt wurde. Er mußte vom Äquivalenzprinzip selbst gereinigt werden.

Diese Aktion war das Äußerste, was Jesus leisten konnte. Mehr ging nicht. Nun mußte das Reich selbst kommen. Daß man ihn nicht sogleich festnahm, ist einzig dem Umstand geschuldet, daß die Händler und Wechsler im Außenbezirk des Tempels saßen. So konnte er entkommen. Aber klar war, daß das gesamte Kultpersonal in seiner Aktion nur eine Entweihung des Tempels zu sehen vermochte, keine Reinigung. Er durfte sich dort nicht mehr blicken lassen. Unmöglich, daß er danach noch im Tempel mit Hohenpriestern und Schriftgelehrten disputiert (Mk 11, 27 f.) oder öffentlich Gleichnisse erzählt (Mk 12, 1 ff.) und Reden über die Endzeit (Mk 13) geschwungen hat. Auch zum Zelebrieren eines feierlichen Mahls (Mk 14, 12 ff.) werden ihm jegliche Mittel und Muße gefehlt haben. Schon gar nicht hat ihm ein dienstbarer Geist »ein großes Oberzimmer« (14, 15) dafür vorbereitet. Es war alles viel prosaischer. Sie versteckten sich außerhalb der Stadt, vielleicht wirklich in »einem Garten, dessen Name Gethsemane« (Mk 14, 32) war. Und »er begann zu zittern und zu zagen« (14, 33). Mit zum Zerreißen gespannten Nerven warteten sie auf die große Geburt, die er mit seiner Aktion eingeleitet zu haben glaubte. Doch statt des Reiches Gottes kamen die Häscher der Hohenpriester. Einer der Jünger hatte ihn verraten. Da wußten sie: Es war nichts mit dem Reich. »Und sie verließen ihn und flohen alle.« (Mk 14, 50)

Nachwort

Es gibt gute Gründe, die Worte und Taten Jesu die latenten Traumgedanken des Christentums zu nennen. Aber die latenten Traumgedanken des Christentums sind nicht die latenten Traumgedanken Jesu. Sie liegen noch eine Schicht tiefer und erschließen sich erst, wenn man in den bildgesättigten Handlungen und Reden Jesu selbst etwas Traumähnliches erkennt, gewissermaßen Tagträume, in denen ein zutiefst verletzter Mensch auf singuläre Weise über sich hinauswuchs. Jesus ist ohne Johannes-Trauma ebenso undenkbar wie das Urchristentum ohne Jesus-Trauma. Das ist hier aber nicht herausgearbeitet worden, um das Christentum zu pathologisieren. Im Gegenteil. Nur dank einer spezifischen »Pathologie« ist die Menschheit über das Tierreich hinausgewachsen: dank des Kunstgriffs, traumatische Schocks durch eine bestimmte Art der wiederholenden, zusammenfassenden Umkehrung zu bearbeiten. Das Christentum hat diesem Kunstgriff eine weltgeschichtlich neue Virtuosität angedeihen lassen. Die »unfaßbare Kehrtwende« an seinem Anfang ist zwar weit faßbarer, als es die Christen gern hätten, aber nahezu unfaßbar bleibt daran doch, in welch kurzer Zeit sie jene große Kehrtwende nachvollzogen hat, durch die aus Hominiden Menschen wurden – die Kehrtwende des natürlichen Fluchtimpulses zur Flucht nach vorn, zur Überwindung des Grauenhaften durch seine rituelle Wiederholung. Das Wahrzeichen der Menschwerdung ist das Menschenopfer. Zu dessen Einübung hat der Homo sapiens mindestens fünfzig Jahrtausende gebraucht. Die abtrünnigen Gefolgsleute Jesu haben nur wenige Monate benötigt, um zu seinen getreuen Gewährsleuten zu werden und den Schock seines grauenhaften Endes in die Botschaft umzuwenden, er sei »für unsere Sünden« gestorben: als Sühnopfer für die ganze Menschheit, welches alle rettet, die an seinen Opfergang und seine Auferstehung glauben. Die ersten Christen ahnten freilich nicht, wie gründlich sie dabei die Menschwerdung noch einmal im Zeitraffer durchliefen. Sie wußten ja kaum, wie ihnen geschah, als sie ihre Botschaft zu stammeln begannen. Und doch hat keine andere der sogenannten Hochreligionen ihr Heilsversprechen derart pointiert ans Menschenopfer geknüpft wie die christliche – an ein Opfer zwar, das ein für allemal geschehen sein und alle weiteren erübrigen soll, aber dennoch verlangt, daß es immer wieder glaubend nachvollzogen und im sakramentalen Verzehr von Brot und Wein symbolisch zelebriert wird. Statt der Befreiung von allen weiteren Opfern kommt es lediglich zur sublimierten Perpetuierung des Menschenopfers.

Nun hat das Christentum allerdings nicht nur den Tod Jesu als Opfer gedeutet, sondern auch seinen Lebenslauf als Opfergang. Wenn die authentischen Züge dieses Lebens aber einen gemeinsamen Nenner aufweisen, dann gerade das *Aufbegehren* gegen Vergeltung, Aufrechnung, Verhältnismäßigkeit. Der Wunsch nach dem Reich Gottes, der in Jesus Fleisch ward, war der Wunsch nach dem Ende des Äquivalenzprinzips. Und ausgerechnet diesem Wunsch hat die Botschaft vom Tod Jesu »für unsere Sünden« das Äquivalenzprinzip übergestülpt. Wo Opfer ist, ist Äquivalenz, denn opfern heißt tauschen. Man gibt, was einem lieb und wert ist, dahin, um im Gegenzug dafür Schutz und Wohlwollen zu bekommen. Auch das Opfer Jesu ist in diesem Schema gedacht. Er gab sein Leben nicht gratis; wir müssen ihm dafür den Tribut des Glaubens zollen, sonst rettet uns sein Opfer nicht. Die umfassende Heilkraft, die der historische Jesus herbeisehnte, weicht im Urchristentum erneut einer Selektionskraft: die Gläubigen ins Töpfchen, die Ungläubigen ins Kröpfchen.

Das Christentum hat das Äquivalenzprinzip nicht erfunden, aber geschärft. Jesus hatte sich herausgenommen, der Äquivalenz die Ruhe der Selbstverständlichkeit zu rauben. In gewissem Sinne hatte das schon die Hiobdichtung getan. Aber sie war »bloß« Literatur, und selbst das war fast schon zu viel. Ihr Aufbegehren gegen die Äquivalenz hatte nur um den Preis eine Stimme bekommen, daß

154

Hiob seine Klagen schließlich verstummen läßt (Hi 40, 4). Erst danach wird er rehabilitiert (Hi 42, 7). In Jesus ist dies Aufbegehren mehr geworden als Literatur: voller Einsatz der ganzen Person bis zum Tod. Jesus ist der erste Märtyrer der Nichtäquivalenz – des »Nichtidentischen«[94], wie man ohne Übertreibung sagen darf. Nicht, daß er die Nichtäquivalenz tatsächlich gelebt hätte. Niemand vermag das. Aber er ist für sie gestorben – nicht »für unsere Sünden«. Der Einsatz seines Lebens galt etwas schlechterdings Unmöglichem. Er ist nicht einmal ein Vorbild, dem es sich lohnte, nachzueifern. Nachfolge Jesu ist Wahn. Aber gerade deshalb rührt sein Martyrium so tief. Es hinterließ nicht nur ein paar Jüngern ein peinigendes Schuldgefühl. Es rührte wie nichts zuvor an eine menschliche Grundschuld: den *consensus gentium*, den durch alle Gemeinwesen verbreiteten Grundkonsens, Wechselseitigkeit und Vergeltung als Gestehungskosten menschlicher Kultur mitzutragen und fortzusetzen. Jesus hat zwar nicht gewußt, was ein *consensus gentium* ist, aber er hat sich bis zum Tode am Kreuz gegen diesen Konsens aufgebäumt. Das Urchristentum suchte ihn fieberhaft wiederherzustellen, indem es Jesu Tod als das finale, unüberbietbare Menschheitsopfer verkündete. Die angeblichen »Zeugen der Auferstehung« sind in Wahrheit Zeugen der Unerträglichkeit des Martyriums Jesu.

Als Jesus sich gegen das Äquivalenzprinzip sträubte, steckte es vergleichsweise noch in den Kinderschuhen. Inzwischen hat es die Dimensionen des globalen Kapitalismus angenommen. Es griff auf die gesamte Arbeitswelt über. Seit die Arbeitskraft global zur Ware geworden ist und alles zur Ware macht, was sich gewinnbringend verarbeiten läßt, ist die spezifisch kapitalistische Expansionsdynamik in Gang. Das stehende Prinzip der Äquivalenz hat sich in ein ruhelos umgehendes Gespenst verwandelt, das nie genug hat, ständig neue Märkte eröffnen muß und auch vor dem Handel mit Luftverschmutzung, Nieren und Embryonen nicht Halt macht – als

---

94 Theodor W. Adorno, *Negative Dialektik*, Gesammelte Schriften, Bd. 6, Suhrkamp, Frankfurt am Main 1973, S. 398

müßte es auch noch den letzten Zweifel daran ersticken, daß es das *non plus ultra* ist.

Daß es so gekommen ist, daran hat keine andere Religion dermaßen Anteil wie das Christentum. Es hat das Äquivalenzprinzip nicht nur gegen Jesus hochgehalten. Es hat ihm auch zu seinem kapitalistischen Durchbruch verholfen. Der vollzog sich nämlich nicht nur auf dem Boden des Christentums; er begann in dessen Chefetage. Das Papsttum höchstselbst hat im 14. Jahrhundert, als es in seinem Exil zu Avignon seinen Autoritätsverlust durch ein neues Finanzsystem zu kompensieren suchte und jede Vergabe von Ämtern und Lehen mit Gebühren und Abgaben belegte, den Handel in eine Sphäre vorangetrieben, die dem Kaufmannsstand verschlossen war: den Grundbesitz. Das war ein epochaler Dammbruch, so unscheinbar er auch anfing.[94] Wenn nämlich Grundbesitz käuflich wurde, mußte es über kurz oder lang auch die ihn bestellende Arbeitskraft werden. Lohnarbeit war dann nicht mehr nur ein sporadisches Randphänomen wie im Gleichnis von den Arbeitern im Weinberg; sie mutierte zur Grundlage des Gesellschaftsprozesses – und wurde damit wohl oder übel auch zur Geschäftsgrundlage des Christentums, dessen Kirchen nur noch Körperschaften öffentlichen Rechts in einer Gesellschaft sind, die sie nicht gewollt, aber tatkräftig mit in Gang gesetzt, um nicht zu sagen: ausgelöst haben. Nicht von ungefähr wird in weiten Teilen der islamischen Welt der globale Siegeszug des Kapitalismus als ein Sieg des Christentums verstanden.

Unter solchen Bedingungen hat Jesu Martyrium für die Nichtäquivalenz nichts von seinem Stachel verloren. Das Feindesliebegebot plagt und beschämt mehr denn je durch seine Unerfüllbarkeit und Dringlichkeit. Man hat heute zwar die Freiheit, es einfach zu ignorieren und zur Tagesordnung der Äquivalenz überzugehen. Aber durch Ignorieren wird man sein Innenleben nicht los, und zum Innenleben der westlichen Kultur gehört nun einmal das Christen-

---

94 Ausführlich hierzu Christoph Türcke, *Sexus und Geist. Philosophie im Geschlechterkampf*, Fischer, Frankfurt am Main 1991, S. 164 ff.

tum. Es sitzt in ihren »Eingeweiden« – samt seinen latenten Traumgedanken. Der Witz an latenten Traumgedanken ist ja, daß sie um so mehr bohren und drängen, je weniger sie sozial verträglich sind. Man kann sie verdrängen. Aber man sollte wissen: Verdrängtes kehrt wieder.

Dank

an Gerd Lüdemann und Franz Maciejewski für die gründliche Lektüre und hilfreiche Kommentierung des Manuskripts.

Christoph Türcke bei zu Klampen

Der tolle Mensch
Nietzsche und der Wahnsinn der Vernunft
176 Seiten, Paperback · ISBN 978-3-924245-89-2

Fundamentalismus
Maskierter Nihilismus
156 Seiten, Paperback · ISBN 978-3-934920-31-6

Heimat
Eine Rehabilitierung
80 Seiten, Hardcover · ISBN 978-3-934920-86-6

Religionswende
Eine Dogmatik in Bruchstücken
113 Seiten, Hardcover mit Schutzumschlag
ISBN 978-3-924245-51-1

Vermittlung als Gott
Kritik des Didaktik-Kults
136 Seiten, Paperback · ISBN 978-3-924245-05-4

Zum ideologiekritischen Potential der Theologie
Konsequenzen einer materialistischen
Paulus-Interpretation
133 Seiten, Paperback · ISBN 978-3-924245-12-2

Oliver Decker/Tobias Grave (Hrsg.)
Kritische Theorie zur Zeit
Für Christoph Türcke zum 60. Geburtstag
361 Seiten, kartoniert · ISBN 978-3-86674-032-7